Ousâma

Un prince syrien
face aux croisés

« LES INCONNUS DE L'HISTOIRE »

Une collection dirigée par Jean Montalbetti

Qui sont-ils ? Ils ne sont pas les vedettes de l'histoire souvent devenues des mythes à force de célébration. Ils ont inspiré sinon incarné un courant de pensée, une découverte scientifique, une mutation sociale, un événement politique. Au-delà de leur destin individuel, ils sont révélateurs de leur époque. Leur action, leurs recherches, leurs récits, ont permis aux historiens d'aujourd'hui une nouvelle approche de l'histoire.

C'est d'abord à Radio France, comme producteur, que Jean Montalbetti a inauguré cette galerie originale des « Inconnus de l'histoire » : cent vingt-trois émissions ont été diffusées sur France Culture, entre octobre 1981 et avril 1984. Nous avons demandé aux meilleurs historiens contemporains d'écrire ensuite l'itinéraire de ces « Inconnus de l'histoire » parce qu'à travers le récit toujours passionnant d'une aventure individuelle ces témoins exemplaires permettent de connaître leur époque mais aussi, dans un passé sans cesse réactualisé, de mieux comprendre notre temps.

PARUS

Georges DUBY, *Guillaume le Maréchal*, ou le meilleur chevalier du monde.

Henri H. MOLLARET et Jacqueline BROSSOLET, *Alexandre Yersin*, ou le Vainqueur de la peste.

Jean MAITRON, *Paul Delesalle*, un anar de la Belle Époque.

Jean TULARD, *Joseph Fiévée*, conseiller secret de Napoléon.

Jacques GODECHOT, *Le comte d'Entraigues*, un espion dans l'Europe des émigrés.

Alexandre BENNIGSEN et Chantal LEMERCIER-QUELQUEJAY, *Sultan Galiev*, le père de la révolution tiers-mondiste.

André Miquel

Ousâma

Un prince syrien face aux croisés

« Les inconnus de l'histoire »

Fayard

DU MÊME AUTEUR

ESSAIS

Le Livre de Kalila et Dimna, Klincksieck, 1957 et 1980.

La Géographie humaine du monde musulman jusqu'au milieu du XI *siècle.*
— I. *Géographie et géographie humaine dans la littérature arabe des origines à 1050*, Mouton, 1967 et 1973. — II. *La représentation de la terre et de l'étranger*, Mouton, 1975. — III. *Le milieu naturel*, Mouton, 1980.

L'Islam et sa civilisation (VIIe-*XX*^e *siècle)*, Armand-Colin, 1968, coll. « Destins du monde ».

La littérature arabe, P.U.F., 1969, 1976, 1981, coll. « Que sais-je ? ».

Un conte des Mille et une nuits : Gharîb et Ajîb, Flammarion, 1977.

Le Golfe et le fleuve, Sindbad, 1977.

Sept contes des Mille et une nuits, Sindbad, 1981.

Usâma Ibn Munqidh. Des enseignements de la vie. Traduction et introduction. Imprimerie nationale, 1983.

L'Homme et le monde, Éditions de la Méditerranée, 1983.

L'Amour poème, anthologie des poèmes de Majnun, Sindbad, 1984.

Majnûn et Laylâ, l'amour fou (en collaboration avec Percy Kemp), Sindbad, 1984.

Laylâ, ma raison, Éd. du Seuil, 1984.

ROMANS ET RÉCITS

Le Repas du soir, Flammarion, 1964.

Le Fils interrompu, Flammarion, 1971.

Les Lavagnes, Flammarion, 1975.

Vive la Suranie, Flammarion, 1977.

In absentia patris

AVANT-PROPOS

Voici un homme exceptionnel et méconnu. Né avec la première Croisade, celle que prêche le pape Urbain II à Clermont, en 1095, il meurt en 1188, un an après que Saladin a repris Jérusalem aux Francs. Un siècle ou presque, donc, soit deux Croisades en une seule vie. Et deux Croisades vues de l'autre côté, celui des Arabes et de l'Islam. Vues comment ? Par un musulman, justement, un musulman éclairé, impartial au-delà de son engagement. Chevaleresque, oui ; car si la chevalerie, telle que la pratique alors notre Occident, n'existe pas au-delà de la Méditerranée, l'esprit, du moins, en est le même de l'un et l'autre côté de la mer. Que l'on doive composer avec les Francs, aux premiers temps de leur puissance, ou bien que, l'Islam rassemblant peu à peu ses forces, on les désigne comme le vrai, le seul ennemi, reste qu'on les traite comme il se doit : à leur mesure.

Cet homme s'appelle Ousâma Ibn Mounqidh. Il a deux patries : la Syrie du Nord, et plus précisément Chayzar, la vieille forteresse familiale sur l'Oronte, et Damas, où il séjournera par trois fois. Dans les intervalles, il aura connu l'Égypte, auprès des derniers califes de la dynastie fâtimide du Caire, et la Haute-Mésopotamie, chez des princes turcs. Il aura vu monter, régulièrement, l'étoile de l'Islam rassemblé, dont l'ascension est scandée par les noms de trois grands capitaines et souverains, Zengi, Nour al-Dîn et Saladin.

Est-ce à dire que le livre d'Ousâma nous raconte, de bout en bout, cette histoire ? Certes pas. Elle sert, en vérité, un autre propos : Ousâma a voulu, phénomène unique dans la prose arabe classique, parler de lui. Pas comme nous l'entendrions, sous la forme d'une autobiographie ou de « confessions ». Mais comme témoin, porteur d'une leçon à transmettre, celle d'un destin souverain maître de ses décisions. D'où le titre donné au livre : l'I'tibâr, littéralement l'expérience. D'où, aussi, le fait que l'histoire n'est vue ici, au travers des événements, des personnages et de l'auteur lui-même, que comme le lieu et l'occasion de cette leçon.

Ce serait, si l'on veut, l'histoire des coulisses. D'abord, dans la jeunesse d'Ousâma, sur l'échiquier très compliqué du Proche-Orient,

*voici les luttes que se livrent les petites prin-
cipautés musulmanes, aidées l'une ou l'autre
par l'alliance avec le Franc. Puis, dès que le
calme revient dans le camp de l'Islam, les
armes retournées contre ce Franc lui-même,
en attendant que l'échiquier l'interdise à nouveau. Plus loin dans l'espace, d'autres forces
apparaissent : Constantinople, les califats
rivaux du Caire et de Bagdad. Enfin, sur une
scène où le jeu peu à peu s'éclaire, les trois
héros de la lutte finale ou du moins de ses
prémices, dont les échos nous parviennent de
plus ou moins loin.*

*Musulmans, Chrétiens, Arabes, Francs, Turcs,
Kurdes, Arméniens ou Noirs, ce livre est une
histoire d'hommes. La femme y joue, comme
dans la vie, un rôle essentiel, exalté même,
mais discret. La famille, l'amour y cèdent la
place aux aventures, aux amitiés et à l'honneur
des mâles. De ceux-ci, Ousâma est évidemment
le prototype. Ce n'est pas lui qui le dit, par je
ne sais quelle forfanterie, mais nous, pour
l'avoir vu, intraitable sur sa gloire, lucide sur
ses faiblesses, et d'abord sur sa nostalgie de la
jeunesse et du paradis perdu : Chayzar, le
monde clos et soudé du clan accroché à son
nid d'aigle et, à sa porte, le long des rivières
ou sur la montagne, l'interminable aventure
de la chasse.*

Livre d'hommes et livre d'un homme, écrit

puis dicté, quand l'âge s'en mêle et que l'œil, la main, faiblissent. Composé sans plan, selon les fantaisies d'une mémoire de grand vieillard, étonnamment vive, spontanée et... redoutable sur les dates. L'ordre chronologique rétabli, et nombre de coupes sombres faites sur l'original, j'ai suivi, en l'adaptant à l'esprit de cette collection, la traduction intégrale de l'œuvre parue en 1983 **Des enseignements de la vie, Souvenirs d'un gentilhomme syrien du temps des Croisades**, Paris, Imprimerie Nationale, 444 p. [texte complet avec préface (pp. 11-75), illustrations, bibliographie, notes et index]. En sens inverse, pour la clarté du récit, j'ai emprunté quelques détails à la **Vie d'Ousâma**, publiée en 1889 par Derenbourg, qui fut aussi l'inventeur du manuscrit unique du livre et son premier traducteur. Un détail encore : au lieu de renvoyer à l'annotation, trop lourde pour le coup, j'ai préféré intégrer dans le texte les dates correspondant, selon notre calendrier, à celles que Ousâma énonce dans le sien, celui de l'Hégire.

Pour le reste, ces pages, même réécrites, restent celles d'Ousâma : ce n'est pas moi qui parle, mais lui. Que l'on n'y voie, par pitié, aucune agression vis-à-vis d'un inconnu de l'histoire injustement traité par elle. Il m'a semblé, au contraire, que le plus grand acte de fidélité, ici, était bien de ne pas prendre, *par le détour de la troisième personne, la moindre distance avec celui qui osa, quand c'était inaccoutumé, incongru, difficile et peut-être même risqué — au moins pour une réputation — dire « je ». Cet homme-là fut, dans tous les sens du terme, un prince.*

A.M.

Paris, janvier 1986.

I

J'ai toujours aimé Damas, la ville de mes exils, la ville où je mourrai bientôt. Le temps presse. Cette main qui jadis terrassait le lion ou l'ennemi, tremble si fort qu'elle ne peut plus écrire : il faut dicter. Se souvenir. Pardonne-moi, Seigneur, si le premier désir qui vient à ma mémoire me reporte là-bas, sur les rives de l'Oronte, vers ma jeunesse. C'est d'elle que je voudrais d'abord, et longtemps, parler. Mais non. Si ces pages doivent recueillir un jour quelque mérite aux yeux des hommes, c'est parce qu'elles leur diront que Toi seul es roi. Toi seul règles le cours de nos destinées. Toi seul sais quand et comment la mort s'apprête à nous saisir. Voyez : ce corps criblé de cicatrices n'a pas trouvé son terme au combat ni dans la chasse au lion. Qui avait prévu, sinon Toi, qu'il ne devait achever sa course qu'au bout de quatre-vingt-dix ans et plus, sur ce lit de misère où la mort même

me tient éveillé ? Miracle, miracle douloureux
où vient s'anéantir la gloire des vieilles
batailles, pour ne plus laisser de vivant que
ce dernier souffle : ton nom.

J'en ai connu et tant connu, de ces caprices
du destin, vu et tant vu, de ces manchots,
borgnes, estropiés, unijambistes et balafrés,
marqués ainsi pour un instant éternel de leur
vie, rescapés d'une mort passagère qui les
avait touchés sans les perdre et pour leur
rappeler seulement l'ultime rendez-vous ! Mais
que vaut-il mieux ? Périr dans la furie des
armes ou, comme je vais le faire, perclus et
jetant mes dernières forces dans ces mots ?
Je pense à Jawâd, un ancien compagnon. Il
avait donné et reçu plus de coups que moi
peut-être, et ce vieux brave devenu, au soir
de sa vie, marchand de fourrage, regardait,
impotent dans son magasin, les souris et les
rats lui saccager son bien.

Survivre à la mort entrevue... Jawâd fut
moins heureux qu'un autre de nos camarades,
un serviteur noir, Ali, de la tribu des Banou
Kinâna. Sur son pied avait poussé une tumeur
puante, si maligne que les orteils se déta-
chaient peu à peu. Le chirurgien décréta qu'il
n'y avait rien d'autre à faire que d'amputer la
jambe à mi-hauteur. Ali était un drôle de
personnage : tout en gentillesse avec les autres,
et le courage absolu quand il ne s'agissait que

de lui. Le chirurgien était loin de sa maison, et ne voulait opérer qu'avec ses outils. Ali décida d'agir sur l'heure, et seul. Il se fit apporter une scie et entreprit de s'amputer lui-même, mais un flot de sang eut raison de ses forces et il s'évanouit. Revenu à lui, il continua l'opération, la mena jusqu'au bout cette fois, et soigna sa jambe, qui guérit. Je le reverrai toujours, à la bataille, appuyé sur un seul étrier et le genou passé, de l'autre côté, dans une lanière. Avait-il vaincu l'ordre de mort venu d'en haut, ou répondu à ce que Dieu, de tout temps, avait attendu de lui ?

Un parallèle encore, si l'on veut bien. D'un côté, un artisan, Attâb, le plus grand, le plus corpulent des hommes, mort d'une piqûre d'aiguille dans la main. Il allait, grand Dieu ! gémissant par la ville et l'on entendait ses plaintes depuis la forteresse, tellement il était fort, et sonore sa voix. Avec lui, je me souviens de deux frères, Aboul-Majd et Mouhâsin. Ils avaient, pour huit cents dinars, la concession du moulin, près du pont. L'abattoir se trouvait par là lui aussi : les bouchers du pays y venaient égorger les bêtes, dont le sang versé attirait les guêpes. Un jour, Mouhâsin, piqué, incapable de parler, fut à deux doigts de mourir. Il guérit cependant, mais, terrorisé, se tint loin de ces lieux de perdition. Son frère lui en fit reproche, évoqua le travail à faire ou, sinon, les dettes, l'emprisonnement. « Tu veux donc qu'une autre guêpe me tue ! » s'écria Mouhâsin. Le matin suivant, au moulin, tout se passa comme il l'avait dit.

En face, Noumayr. Celui-là s'était porté volontaire pour aller débusquer les Francs d'une grotte où ils s'étaient repliés. Dans la bataille, il eut droit à un coup d'épée qui lui trancha le sourcil, la paupière, la joue, le nez et la lèvre supérieure, si bien que tout un côté de la figure lui pendait par-dessus le cou. Il sortit de la grotte pour rejoindre ses compagnons ; on banda sa blessure et, par une nuit froide et pluvieuse, on le ramena en cet état à Chayzar, où l'on put recoudre sa face et soigner ses blessures. Il redevint comme il était, à part l'œil, perdu à jamais. Pourquoi Noumayr ne mourut-il pas ce jour-là ? Pourquoi lui fallut-il attendre d'autres messagers du destin, les Ismaéliens qui le précipitèrent dans le vide, lors de l'attaque de Chayzar ?

A ce jeu de la mort, il n'est pas de réponse. On regarde, et c'est tout. On regarde comme je le fis un matin, posté près de Chayzar, à Bandar Qanîn. Trois silhouettes s'avançaient : quand elles furent toutes proches, je m'aperçus avec horreur que l'une d'elles n'avait plus de visage humain. L'homme du milieu, soutenu par les deux autres, avait reçu d'un Franc un coup d'épée en plein nez, et la moitié de la face, tranchée jusqu'à l'oreille, pendait au-devant. Entre les deux parties du visage ainsi détachées l'une de l'autre, il y avait un vide large d'un empan ou presque. Le blessé, marchant entre ses deux compagnons, réussit à regagner Chayzar, où le chirurgien lui recousit la figure et le soigna. La chair se reforma sur la plaie et l'homme reprit son existence coutumière : on le surnomma, avec d'autres marqués de la même infortune, le Balafré. Celui-là, comme Jawâd, comme moi bientôt, devait mourir dans son lit.

Mais il est temps de reprendre les choses par le commencement.

II

Je suis né en 488, le vingt-septième jour du second mois de joumâdâ, à Chayzar, soit le 4 juillet 1095 de l'ère chrétienne. Le château de mes pères domine la gorge où coule l'Oronte, la plus belle rivière de la Syrie du Nord. En aval, il s'attarde dans les marais du Ghâb, avant de gagner Antioche et la mer. Notre pays, comme je devais l'apprendre ensuite, commande la route des envahisseurs. Non pas ceux qui choisirent de longer la côte, à l'ouest, comme le fit Alexandre, mais, avant lui, les Pharaons venus du sud. Ou encore les Francs*, ceux de ma jeunesse. Après les rois successeurs d'Alexandre, après les Roum**,

* *Les Francs* : C'est sous ce terme exclusif qu'Ousâma désigne les Croisés.
** *Les Roum* (Romains, de l'empire romain d'Orient) : les Byzantins.

Chayzar est devenue, dans la joie, musulmane. C'était en l'an 17 de l'Hégire (638 pour les chrétiens). De dynastie en dynastie, et toujours au péril des Roum, qui la reprirent par deux fois, elle passa aux mains de notre famille, les Arabes descendants de Mounqidh. En l'an 474, le quinze du mois de rajab (19 décembre 1081), mon grand-père, Sadîd al-Moulk Alî, s'installait à Chayzar.

Du château, la vue plonge sur la rivière et sur le pont, gardé par une citadelle qui surveille aussi les maisons de nos laboureurs, bergers et artisans. Pour les défendre contre les Francs, nous dûmes, elles aussi, les ceindre d'un rempart : j'avais, je crois, un peu plus de trente ans quand je les vis construire. Le bruit de la ville basse monte jusqu'à notre muraille, mais il meurt là, dans les chicanes de la grande entrée fortifiée. Une autre vie, alors, prend le relais, celle de notre famille, des centaines de gens, hommes et femmes, et aussi l'armée des servantes, des écuyers, des domestiques. Sans oublier les bêtes : les chevaux, une vingtaine de gazelles, les chameaux, moutons et chèvres, la basse-cour et tous les auxiliaires de la chasse, les belettes, les rapaces sur leurs perchoirs, les chiens et, dans un coin de la cour, le guépard favori de mon père.

Dirai-je que c'est avec eux, d'abord, que j'ai

vécu ? Je ne sais et pourtant, aux portes de la mort, je me souviens, par exemple, des chevaux ainsi que je le fais des hommes : ils sont pareils, certains lâches ou indolents et d'autres fous de bravoure, vaillants encore le front ouvert, les naseaux dégouttant de sang comme une double fontaine, ou courant au combat avec les tripes jusqu'au sol. J'aurais mille choses à dire, aussi, sur les chiens, sloughis ou braques de Dalmatie, amenés à prix d'or du pays des Roum, ou sur les rapaces, élanions blancs, faucons crécerellettes, kobez, sacres ou pèlerins et, plus que tous, les autours. Mon père s'était pris d'une réelle affection pour l'un d'entre eux, qu'il avait appelé Al-Yahchour. Il l'aimait parce que celui-là chassait vraiment non pas pour sa propre joie, mais pour servir. Et puis, chatouilleux sur l'honneur comme pas un : il se cachait lorsqu'il avait manqué sa proie. Presque toujours vainqueur, au demeurant, sujet d'exploits très rares, habitué de son maître qui le gardait au poing pendant qu'il se reposait, assis dans la cour, et regardant avec lui les gens et les bêtes de la maison. Après son bain, qu'il prenait dans une grande bassine d'eau, il était séché près du feu, frotté d'huile, couché sur une fourrure et emporté ainsi, tout endormi, près du lit de mon père. De temps à autre, on le prêtait au seigneur de Hama, la ville voi-

21

sine, qui lui fit faire, au jour prescrit par Dieu, un cercueil et des funérailles solennelles, au milieu d'une foule énorme, et l'on récita sur sa dépouille des versets du très Saint Coran.

Avec quelle jeunesse ces lointains souvenirs affluent-ils aujourd'hui ! S'il n'était que de moi, c'est à eux que je laisserais libre cours. Mais il ne faut pas. Du moins pas tout de suite. J'avais repris les choses par leur commencement et me suis de nouveau égaré, tant est forte la complaisance que nous entretenons envers nous-mêmes. Pourtant, c'est à Toi, Toi d'abord, Seigneur, que nous nous devons tous, et la vie d'Ousâma Ibn Mounqidh, avec toutes celles qui l'ont croisée, ne vaut que si, d'un bout à l'autre du chemin parcouru et raconté, c'est Toi-même que nous pouvons lire, Toi le Très-Haut, l'Éternel, l'Immuable dont nous ne connaissons l'infinie puissance que par les signes qui en viennent jusqu'à nous.

Je dois donc rendre justice à ceux qui, par ta grâce, m'enseignèrent ce que je sais. Pour la grammaire, je fis mes apprentissages, et plus que cela, avec le maître Abou Abdallâh al-Toulaytoulî, qui s'était réfugié à Chayzar après que les Francs eurent pris Tripoli et saccagé la Bibliothèque dont il était le directeur : c'était le onzième jour du mois de dhou l-hijja, en 501 (12 juillet 1109). Avec lui arriva le calligraphe Yânis, auquel mon père commanda deux copies du Coran, et qui nous quitta ensuite pour l'Égypte. Abou Abdallâh, quant à lui, était bien l'homme le plus compétent que l'on pût imaginer. J'entrai un jour chez lui, pour recevoir ses leçons, et le trouvai devant les livres de nos plus savants grammairiens, Sîbawayh, Ibn Jinnî, Abou Alî al-Fârisî, al-Zajjâjî et Abd al-Qâhir al-Jurjânî. « Tu as lu tout cela, maître ? » lui demandai-je. « Si je l'ai lu ? » me répondit-il. « Pas un de ces livres que je n'aie appris par cœur en le recopiant ! Tu veux voir ? Prends-en un, celui que tu voudras, ouvre-le au hasard et lis la première ligne de la page ! » Je m'exécutai, et Abou Abdallâh récita, sans une erreur, la page entière. Je recommençai l'expérience sur tous les livres qui étaient là. Pas une fois, je ne pus prendre mon maître en défaut.

Ajoutez à cela une prodigieuse acuité d'observation et une attention sans faille. Un jour, nous l'emmenâmes avec nous à la chasse. Au guépard, pour le coup. Avec ses pieds couverts d'ulcères, qui saignaient aux épines de tous les buissons rencontrés, Abou Abdallâh semblait ne rien sentir, tout occupé qu'il était à suivre le guépard à l'affût, puis s'approchant des gazelles, bondissant et les abattant sans coup férir.

Le second maître était d'un autre modèle.

Parfait rhétoricien, et rompu à l'histoire de notre poésie comme à ses règles, soit. Mais un rêveur qui connaissait peu de choses à la vie. Ibn al-Mounîra — c'était son nom — écoutait un jour les hommes de la famille parler guerre. J'étais là aussi, à peine âgé de quatorze ans, et lui dis : « Professeur, tu n'es pas un soldat, mais, j'en suis sûr, si tu montais à cheval, protégé d'un casque et d'une tunique, armé de l'épée, de la lance et du bouclier, et si tu te postais ainsi au gué de l'Oronte, là où ces maudits Francs cherchent parfois à passer, aucun d'eux n'y réussirait ! — Que si ! répliqua mon bon maître, ils passeraient tous ! — Ils te craindraient, ne te connaissant pas ! — Mais c'est que je me connais, moi ! Et je sais bien qu'un homme raisonnable ne peut pas, ne veut pas se battre ! » J'en fus un peu, beaucoup même, fâché pour tous ceux qui étaient là : « Alors, professeur, tu comptes ces soldats pour des lâches ? — Non pas. Je tiens simplement que l'on est fou à l'heure de se battre. » Pauvre professeur ! Il ne savait pas que c'est notre raison même qui nous porte à affronter la mort, trop heureux que nous sommes alors d'échapper à toute accusation de couardise. Je l'ai expérimenté pour mon compte plusieurs fois depuis cette scène. J'ai vu, senti, deviné ce qu'était un homme avant le combat : il tremble, il pâlit, car il sait que la mort est présente, peut-être pour lui. Mais tout change dès que l'affaire est engagée, et la raison commune cède devant la raison de l'honneur.

J'ai, me semble-t-il, assez bien profité des leçons des mes maîtres, et j'ai beaucoup écrit durant ma longue vie : une dizaine de livres, sur l'histoire, l'art poétique, le sommeil et les rêves, la conduite des rois, des traditions diverses. J'ai composé des vers. Peut-être même serais-je devenu, moi aussi, un savant très écouté, si Dieu l'avait voulu. Mais ma nature me portait ailleurs, et très tôt : vers la chasse et, dès que l'âge me le permit, vers la guerre. Mon oncle, prince de Chayzar, et mon père me prirent en charge, m'enseignèrent à tempérer l'audace la plus folle par la prudence toujours nécessaire. Je me souviens — pour revenir un instant à mes plus jeunes années — qu'un jour, un gros serpent montra juste sa tête au-dessus de la galerie qui courait sur un côté de la cour. J'apportai une échelle, montai et observai tout doucement : le serpent s'était blotti, pour dormir, dans un trou dont seule sa tête dépassait. Je la frappai de mon petit couteau d'enfant et la tailladai, tandis que le serpent s'extirpait peu à peu de sa cachette et s'enroulait autour de mon bras. Je finis par trancher la tête tout à fait et jetai fièrement le serpent aux pieds de mon père qui ne m'avait pas quitté des yeux, mais sans dire un mot.

Il fut moins réservé une autre fois, et beaucoup plus tard, lorsque je l'accompagnais dans ses chasses. Ce jour-là, près du pont, un lion se jeta sur nos chevaux, depuis un fourré où il se tenait caché. Après quoi, il s'installa sur le bord de la rivière, fouettant le sol de sa queue et rugissant. Comme je le chargeais, mon père cria : « Fou que tu es ! Ne l'aborde pas de face, ou tu es perdu ! ». Mais je frappai la bête droit de la lance, et elle mourut sur place. Ce fut, je crois bien, la seule fois où mon père me retint de combattre.

De l'enfance à la chasse, et de la chasse à la guerre, je fis ainsi mes armes sous la double invocation du discernement et du courage. Je me souviens qu'à l'époque où nous nous mesurions avec nos voisins de Hama, à l'occasion assistés des gens de Homs, à plusieurs reprises mon oncle me félicita, après la mêlée : « Je t'ai vu faire : c'était sagement pensé et exécuté, tu as gardé toute ta présence d'esprit et la bataille ne t'a pas étourdi. »

L'évocation de ces temps anciens de ma vie me remet en mémoire le jour de mon premier combat. C'était au premier mois de joumâdâ de l'année 513 (août 1119), et j'avais donc vingt-quatre ans. Je reçus l'ordre d'aller ravager les récoltes autour d'Apamée, où se tenaient les Francs. Drôle de troupe que la mienne, à la vérité : une vingtaine de cavaliers pour encadrer tout un ramassis de pillards et de nomades. Nous étions parvenus à une vallée, et nos mercenaires saccageaient allègrement les champs, lorsque se présentèrent environ cent vingt Francs, moitié à cheval et moitié à pied. Nous pliâmes sous le choc et il se fit un grand tumulte dans les rangs de notre piétaille. La mort, à cet instant, m'apparut douce si je laissais périr tous ceux-là qui m'étaient confiés. Je fis donc volte-face et trouvai devant moi un cavalier franc, qui s'était débarrassé de sa cuirasse pour avoir un peu plus d'aise dans ses mouvements. Frappé de ma lance en pleine poitrine, il vola, raide mort, de sa selle. Je reçus ensuite le choc de ses compagnons, qui finirent par tourner bride.

Je n'avais, je l'ai dit, aucune expérience vécue des responsabilités guerrières et, le premier choc passé, j'aurais pu hésiter sur la suite, mais mon cheval était vif comme l'oiseau, et il commanda pour moi : je collai aux trousses de l'ennemi pour l'attaquer de la lance et me dérober aussitôt. Sur les arrières des Francs, il y avait un cavalier parfaitement armé, portant cotte de maille et monté sur un pur-sang noir, énorme. Il me faisait un peu peur, et je me demandais s'il ne cherchait pas à m'entraîner le plus loin possible avant de se retourner pour faire front. Mais je le vis éperonner son cheval, qui se mit à agiter la queue : la bête regimbait, c'était clair, elle était épuisée. Je frappai donc le Franc de ma lance qui ressortit, par le devant du corps, sur la longueur de toute une coudée. Dans l'élan, je lâchai mon arme et dépassai le cavalier. Je revins en arrière, retirai la lance et, certain d'avoir tué mon adversaire, regroupai mes compagnons, tous sains et saufs.

Un jeune serviteur me suivait ce jour-là ; il menait en bride une bête à moi, une jument noire de rechange, et il était lui-même monté sur une fort belle mule, avec une housse très épaisse et rehaussée d'argent. Il était descendu de sa mule dès les premiers instants de la bataille et, enfourchant la jument, parti au triple galop vers Chayzar. Je n'appris la chose qu'au retour du combat, et redoutai alors ce qui devait se passer en effet. Arrivé chez nous, le garçon dit à mon père : « Seigneur, un millier de Francs nous ont attaqués. Tous les nôtres sont morts, je crois, sauf ton fils. » On en était là de son récit, et mon père ne savait trop que penser, lorsque arriva l'un de nos compagnons, que j'avais eu la bonne idée de dépêcher pour nous précéder à Chayzar. Il rétablit les faits et quand, à mon tour, je fus là, je pus tout expliquer à mon père : « Seigneur, tu le sais, je me battais pour la pre-

28

mière fois. J'ai fait peu de cas de la mort dès l'instant que j'ai vu l'ennemi se jeter sur nos gens. J'ai donc foncé sur les Francs, dans l'intention bien arrêtée ou d'être tué ou de sauver tout mon monde ». Et mon père m'approuva.

L'histoire connut un épilogue. Mon oncle, quelque temps après, me convoqua. Il était en compagnie d'un Franc : « Ce chevalier, me dit-il, vient d'Apamée pour voir l'homme qui a frappé d'un tel coup de lance son ami Philippe. Car c'est merveille : tu lui as rompu deux rangées de mailles de sa cotte, et l'as pourtant laissé en vie. — Comment ? En vie ? m'écriai-je. — Eh oui ! Le coup est passé par le travers des hanches, mais sans léser rien d'essentiel. » C'est, je crois bien, de ce jour que je sus vraiment que le destin est la plus forte des forteresses.

Et de ce jour, aussi, que j'appris, dans la réalité du combat, la règle d'or du cavalier pour l'assaut : assurer la lance, une fois pour toutes calée sous le bras, contre le flanc, éperonner son cheval, coller à lui, et le laisser faire le reste.

Pères, oncles, frères ou cousins, nous reçûmes tous la loi du clan, qui tenait en un mot : l'honneur, le vieil honneur de nos ancêtres d'Arabie. Mais à la maintenir, nous n'étions pas les seuls. Les femmes, j'ose le dire, nous surpassaient, et ce sont elles, elles d'abord, qui m'apprirent la règle suprême de notre vie. Les premières années de mon existence, qui se déroulèrent au milieu d'elles, furent pour moi le terrain de mes apprentissages futurs. Toutes, autant que je me souvienne, ma mère, mes sœurs, tantes ou cousines, et les servantes enfin, rivalisaient dans la défense de leur gloire propre et de celle de la famille. Je peux, je crois, écrire, à la fin de mon voyage sur terre, qu'elles ont, toutes, été les mères de nos hommes. Au premier rang, ma grand-mère paternelle, qui m'adorait. Je l'écoutais sans un mot me réciter les faits et gestes de notre famille depuis la nuit des temps, je savais qu'elle passait une bonne partie de ses nuits en prière. Elle était la douceur et la rigueur mêmes, qu'elle excellait à faire aller de pair sans contraste aucun. Si mon oncle assumait le gouvernement de Chayzar, elle était, de Chayzar, le symbole, et jamais elle ne faillit à ce rôle que tous, d'un commun et tacite accord, lui concédaient. A son image, les autres femmes, jour après jour, et dans les circonstances les plus dramatiques, se comportèrent comme autant d'exemples vivants.

Ainsi d'une de mes tantes, le jour où les Ismaéliens envahirent notre château : cuirassée et casquée, elle releva les courages défaillants. Ainsi de ma mère, le même jour : après avoir distribué à divers soldats mes épées et casaquins de réserve, elle alla trouver une de mes sœurs, mon aînée, lui fit mettre ses bottines et son voile, l'installa tout près d'une fenêtre qui surplombait le ravin de l'Oronte et se tint prête à la précipiter dans le vide pour lui éviter, en cas de défaite, le déshonneur. Ainsi de Rafoul, la fille d'un de nos soldats, Abou l-Jaych, un Kurde. Les Francs s'étaient emparés d'elle et nous partîmes tous, le lendemain, essayer de la délivrer. Nous allions le long de la rivière quand nous aperçûmes, sur l'autre rive, quelque chose de bleu flottant près des arbres. C'étaient la robe et le corps de Rafoul : tout donnait à croire qu'elle avait échappé à son ravisseur en se laissant tomber de son cheval, et préféré la noyade à l'outrage. Et Abou l-Jaych, emportant la dépouille de sa fille, fit taire un peu, au nom de cet honneur, le chagrin qui lui arrachait des larmes et des cris depuis la veille.

Mais puisque j'évoque nos serviteurs, comment oublierais-je Lou'lou'a ? Elle avait élevé mon père, puis ce fut mon tour, et quand j'eus pris femme, elle me suivit pour s'occuper de mes enfants. Devenue vieille et même très vieille, elle rêva un jour qu'elle rencontrait tous nos morts, qui lui avaient dit des choses extraordinaires... dont elle ne se souvenait plus. La dernière image que je conserve de Lou'lou'a est celle-ci : presque aveugle, elle lavait un jour le fichu dont elle s'enveloppait la tête quand elle priait. Elle y mettait tant de cœur que je ne pus m'empêcher de m'étonner des raisons de cette rage. « Mon petit, me dit-elle, quelqu'un a dû prendre ce fichu avec des mains qui empestaient le fromage, et je n'arrive pas à le débarrasser de cette odeur. — Montre-moi ton savon », lui demandai-je. C'était, en réalité, un morceau de fromage, du plus dur qui fût. Je pensai, en la désabusant, à cette parole du Très-Haut, dans son saint Coran : « Ceux dont nous prolongeons la vie, nous les menons au rebours de leur création. »

D'un autre serviteur, et bien malgré lui, j'appris l'un des plus sacrés de nos devoirs : la protection. Et c'est à cette occasion-là que je tuai mon premier homme. Je n'avais pas encore dix ans lorsque, assis devant la porte de mon père, je vis souffleter l'un de nos petits domestiques. Échappant à son agresseur, lequel était au service de mon père et se nommait Mouhammad al-Ajamî, le garçon vint s'accrocher à mes vêtements. L'autre le poursuivit et le gifla de nouveau. Je frappai Mouhammad d'une baguette que je tenais à la main ; il me repoussa. Tirant alors un couteau de ma ceinture, je le lui plantai dans le sein gauche. Je me souviens d'avoir regardé la blessure d'où la respiration faisait jaillir chaque fois le sang comme des bulles sur l'eau. Puis on emporta le blessé, qui mourut peu après et que l'on enterra.

Si je regarde, comme je le fais maintenant, ma vie une dernière fois, je dirai pourtant que pas un parent, pas un ami, pas un serviteur ne m'a accompagné aussi longtemps que le Franc. Il était là dès ma naissance ou presque : j'avais quatre mois lorsque le pape de Rome* incita ces maudits à venir chez nous, de l'autre côté de la mer, pour reconquérir le tombeau du Christ à Jérusalem. Comme si nous l'avions jamais enlevé à personne... Quatre ans plus tard, en tout cas, ils y étaient, comme à Édesse et Antioche. Dix de plus, et c'était le tour de Tripoli. Dieu l'avait voulu pour nous punir de nos désordres. Face aux nouveaux venus, et aux Roum toujours menaçants, nous nous dispersions en querelles. Au lieu d'un Islam, nous en avions mille, autant que de chefs : celui des Turcs, qui avaient imposé leur tutelle au Commandeur des Croyants, le calife abbasside de Bagdad, et mis en place un peu partout leurs princes, en Anatolie, à

* *Le pape de Rome* : Urbain II qui, le 26 novembre 1095, prêche la première Croisade à Clermont.

Damas, Homs, Hama, Mossoul et Alep, pour ne parler que des plus grandes villes ; il y avait aussi, tout autour de Chayzar, les tribus arabes, mouvantes toujours et toujours redoutables, comme les Kilâb. En bref, pour répondre à l'ennemi, une mosaïque d'intérêts trop souvent prêts à en découdre, si bien qu'il fallut parfois, pour défendre Chayzar contre nos propres frères en la foi, trouver un appui — Dieu me pardonne ! — dans le camp d'en face.

Il regroupait, ce camp, beaucoup de monde, tant et tant que je ne suis plus très sûr, après de si longues années, de ne pas m'embrouiller un peu dans les gens et les dates. Mais essayons. Oui, tant de monde, Seigneur... la piétaille et les femmes, qui venaient parfois, prisonnières, grossir les rangs de notre domesticité. Et les chevaliers aussi, bien sûr, comme ce Philippe dont j'ai déjà parlé, Guillaume de Jabna, entre Jaffa et Ascalon, un pirate plutôt, qui s'était spécialisé dans la capture et le trafic des pèlerins venant par bateau du Maghreb, Bénédict, qui tua d'un formidable coup de lance un envoyé du calife de Bagdad, Ours, d'Apamée, et sa sœur réclamant vengeance de sa mort dans les rues d'Antioche, et Pédrovant, si hardi qu'il mit en fuite, un jour, quatre des nôtres et qui périt — ainsi en décide le sort — dévoré par un lion.

34

En évoquant certains de ceux-là, je suis déjà parti, comme je devais le faire en effet dans ma vie, loin de ma terre natale. Mais j'ai traîné mes pas dans tant de pays, j'ai duré si longtemps qu'aujourd'hui je revois les Francs tous ensemble, sous les traits d'un seul et même voisin, d'un seul et même ennemi avec lequel il a fallu, toujours, composer ou se battre. Et d'abord avec ceux qui tenaient les petites principautés : Sire Adam, à Hounâk, vers le nord-est de Chayzar, Théophile au nord, à Kafartâb, Robert le Lépreux dans son formidable château de Sihyawn, en pleine montagne entre Lattaquié et Antioche, plus loin Renier aux sources du Jourdain, Guillaume de Bures à Tibériade, et Ulric, vicomte de Naplouse. Au sommet, enfin, les maîtres des quatre États francs, suzerains de tous les autres : d'abord, le plus grand de tous, le roi de Jérusalem, Baudoin II, Foulques V et Baudouin III ; puis Guillaume Jourdain, comte de Cerdagne, qui guerroya pour Tripoli, mais dut la laisser à Bertrand de Saint-Gilles, auquel succéda son fils Pons ; à Édesse, Baudoin II, puis, quand il fut devenu roi de Jérusalem, Jocelin, seigneur de Tall Bâchir ; enfin, nos voisins d'Antioche : Bohémond, Tancrède qui administra le pays par deux fois, durant la captivité de son souverain et après son retour au pays des Francs, puis Roger de Salerne et le roi de Jérusalem, Baudouin II, qui conservèrent la principauté au nom du jeune Bohémond II, lequel reprit en main l'héritage paternel à son arrivée d'outre-mer.

Pour achever le tableau de ces temps anciens, il me faudrait dire un mot aussi des Arméniens*, Thoros et Léon, les fils de Roupen ; ils tenaient les régions qui vont de Mopsueste à Adana et Tarse, avec les grands défilés de la montagne que l'on appelle les Portes de Cilicie. Ceux-là étaient les amis de mon père, à qui ils envoyaient de fréquentes lettres et des cadeaux, les plus estimés de tous : chaque année, une dizaine d'autours, ainsi que des chiens braques, à qui mon père répondait par des chevaux, des parfums et des vêtements d'Égypte.

Mais reprenons le fil des événements de ma vie. Mon premier contact avec la guerre, la vraie guerre, et ses horreurs, eut lieu le vingt-neuvième jour du mois de chawwâl 497 (25 juillet 1104), pour mes neuf ans. Les Francs n'avaient pas encore fait main basse sur Apamée, qui appartenait à la famille des Kilâb, sous la direction de Khalaf Ibn Moulâib, toujours à se mesurer avec ses voisins, à

---

* *Les Arméniens* : il s'agit du royaume dit de Petite-Arménie.

commencer par nous. Ce fameux jour, il y eut rencontre près de Kafartâb. Mon père était revêtu de sa cuirasse, mais, trop pressé, le serviteur n'avait pas agrafé un des crochets latéraux. Frappé, entre autres blessures, d'un coup de pique au-dessus du sein gauche, mon père continua de se battre comme si de rien n'était, et ce ne fut qu'au moment où il arrachait sa lance du corps d'un adversaire, qu'il ressentit une douleur : il l'attribua d'abord à un échauffement dû à la cuirasse, mais la lance échappa à sa main devenue toute molle ; il sut alors qu'il était sérieusement touché. J'étais à ses côtés lorsque, revenu à Chayzar, il se fit examiner par notre chirurgien, Zayd. « Dis-moi, lui dit mon père, tu vois ce petit éclat de pierre ? » L'autre resta muet. « Zayd, reprit mon père, impatienté, regarde-moi un peu cet éclat ! Qu'attends-tu pour l'enlever ? » Agacé lui aussi, le chirurgien répliqua : « Un éclat ? Où donc ? Là ? C'est le bout d'un nerf qui a été tranché. » Je veillai sans faiblir mon père, affolé à la pensée qu'il allait mourir. Mais Dieu, qui en avait décidé autrement, ne le rappela à lui que beaucoup plus tard, le huitième jour de ramadân 531 (30 mai 1137).

N'était-ce pas pitié que ces luttes fratricides, alors que les Francs venaient d'arriver, frappaient à notre porte, que dis-je ? s'installaient.

J'avais quatorze ans lorsqu'ils prirent Tripoli, et déjà, l'année d'avant, nous nous mesurions avec les soldats du comte de Cerdagne, qui rôdaient dans les parages. Les nôtres firent assaut de vaillance contre trois cents cavaliers et deux cents Turcopoles, les archers des Francs, issus de pères musulmans et de mères grecques. Deux ans après, nous les revîmes, alors qu'ils étaient conduits par Bertrand de Saint-Gilles. Ce jour-là, pour mes quinze ans, j'accompagnais mon père à la chasse, du côté de Tall Milh, vers le nord de Chayzar, où la sauvagine abonde. Alertés, nous revînmes à bride abattue : les Francs étaient là sur le gué de l'Oronte. Mon père passa la rivière avec nos hommes, pour les repousser. Très tranquillement, il continuait de garder en sa main un coing, qu'il suçait. Il m'avait donné l'ordre de ne pas le suivre, et de rentrer par la digue qui protégeait quelques terrains bas des crues de l'Oronte. Ce fut de là que je vis l'ennemi faire demi-tour, sans plus insister.

De tous les Francs, sans aucun doute, les gens d'Antioche étaient les plus dangereux, avec, à leur tête, ce démon de Tancrède, alors régent de la principauté. Il me faudrait des heures et des heures pour évoquer les événements de ces toutes premières années du sixième siècle (soit 1109-1110 de l'ère chrétienne), les défis d'où l'on se retirait sans combattre, les rencontres inopinées, au détour d'un ravin, et que l'on oubliait aussitôt, les embuscades, les engagements, bien sûr, et les trêves qui venaient parfois rompre, pour un temps plus ou moins long, le danger où nous vivions. Il me faudrait, oui, des heures, des jours même, et le temps presse, et je n'en suis encore à raconter que mes jeunes années. Voyons, que choisir ? Ce jour, par exemple, où Tancrède et les siens vinrent installer leur camp aux portes de Chayzar, puis se retirèrent après une bataille indécise. Mon père partit chasser, presque sur leurs talons, et eux d'en profiter pour faire volte-face. Du haut des collines de Tall Sikkîn, mon père les surveillait, postés entre la ville et lui. Patiemment, on attendit, et ils finirent par s'en aller. Mais une autre fois, les choses se passèrent moins bien : Tancrède nous tua ou prit quelques soldats, et emmena bon nombre de bêtes. Il campait alors sous une falaise percée, en son milieu, d'une grotte inaccessible autrement que par des cordes : nous y avions une petite garnison. Un démon de chevalier franc vint dire à Tancrède : « Que l'on me mette dans un coffre de bois et que l'on me laisse glisser jusqu'au niveau de la caverne. Je pourrai, par un interstice, tirer mes flèches et avoir raison de ces gens-là. Mais prenez garde d'assujettir le coffre dans des chaînes : des cordes seraient vite tranchées. » Les Francs obéirent à la suggestion, et le chevalier put recevoir la reddition de la caverne : elle ne comportait en effet qu'une galerie toute droite, sans aucun abri possible, et n'importe quel assaillant pouvait la tenir à merci. Les occupants descendirent par une corde au pied de la falaise, où les attendait la captivité. Je me souviens que c'était le 20 du second mois de rabî', en 502 (27 novembre 1108).

Quelque temps après, ce fut la trêve. Tancrède nous demanda, par un émissaire, un superbe cheval pur-sang qui appartenait au serviteur d'un de mes oncles. Celui-ci le fit amener à Tancrède, monté par un Kurde qui devait faire la preuve, devant lui, des qualités du cheval. Hasanoun — c'était le nom du Kurde — se comporta si bien qu'il gagna le concours. Les Francs applaudirent, s'émerveillèrent de la jeunesse, de la bonne mine et de la vaillance de Hasanoun, lui tâtèrent les bras pour en éprouver la vigueur, et décidèrent qu'il était un parfait chevalier. Tancrède, pour sa part, le combla de cadeaux et lui promit qu'il lui rendrait sa liberté s'il était un jour capturé au combat.

Mais voyez la bonne foi des Francs. La trêve finit et les gens d'Antioche revinrent nous attaquer : la rencontre eut lieu sous les murs mêmes de Chayzar. J'avais quinze ans, et ce fut la première vraie bataille à laquelle j'assistai. Tancrède, irrité par la résistance de nos positions, s'en prit à ses compagnons : « Vous êtes mes chevaliers ! Chacun de vous reçoit pour solde cent fois plus qu'un musulman ! En face, ce sont des sergents, des sergents à pied, de simples fantassins donc, et ils vous tiennent en respect ! — La vérité, répondirent les autres, est que nous avons peur pour nos chevaux. — Les chevaux sont à moi, répliqua Tancrède, je les paie, et je remplacerai tous ceux qui tomberont. » Les Francs chargèrent plusieurs fois, perdirent soixante-dix bêtes, mais ne nous firent pas plier. C'est que nous comptions des braves dans nos rangs, à commencer par Hasanoun. Il se tenait près de mon père, sur une jument peu aguerrie, et bouillait d'impatience en regardant les exploits d'un Kurde, Kâmil, dit le Balafré. Lui-même attendait son écuyer, qui devait lui ramener son cheval de chez le vétérinaire, et lui apporter un casaquin. N'y tenant plus, et ne trouvant pas d'équipement à sa convenance parmi ceux que mon père lui proposait de ses réserves, il piqua ainsi, sur sa jument et sans être protégé le moins du monde, droit sur l'ennemi. Sa monture reçut, en passant, un coup de lance à la croupe et prit le mors aux dents, emportant Hasanoun au beau milieu des rangs d'en face.

41

Prisonnier, torturé de mille façons, il n'avait pas encore souffert le pire. Comme on allait lui arracher l'œil gauche, ce maudit Tancrède cria : « Mais non ! Arrachez-lui plutôt le droit ! Ainsi, lorsqu'il aura son bouclier, son œil gauche sera caché et il n'y verra plus rien ! » Ce qui fut fait. Mon père, plus tard, paya de mille dinars et d'un pur-sang noir la rançon du malheureux Hasanoun, vivant exemple de la perfidie franque.

Tout cela, c'était l'habitude, dirais-je, et Chayzar ne s'en portait pas plus mal. La grande peur de la ville nous vint d'un autre côté, du côté de chez nous. Il y avait, dans la région, force chiites, et des plus extrêmes, des Ismaéliens. Ce jour-là, une bonne partie des hommes était loin de la forteresse, et celle-ci fut envahie, dans une surprise totale. J'ai dit tout à l'heure la part prise par les femmes à la résistance, le soutien qu'elles apportèrent aux soldats laissés sur place. En voici un autre exemple : une vieille femme, Founoun, qui était à notre service depuis le temps de mon grand-père, se couvrit de son voile, prit une épée et combattit jusqu'à notre retour. C'est à elle et aux autres, autant qu'aux hommes restés là ou revenus à la rescousse, que nous dûmes de repousser les assaillants et de passer au fil de l'épée tous ceux qui tombèrent entre nos mains. Pour moi, j'eus à affronter, seul à

seul, un Ismaélien qui, voyant venir mon coup
d'épée, plaça, pour se protéger, la lame d'un
poignard sur son avant-bras. Peine perdue.
L'épée le trancha tout net, au prix d'une
légère brèche : celle-ci y est encore, pour me
rappeler ce combat singulier de mes dix-neuf
ans.

Triste journée que celle-là, où beaucoup de
nos gens périrent. Mais j'en retiens aussi l'une
des plus claires expériences qu'il m'ait été
donné de méditer. Nous avions fini de nous
battre, ivres de vengeance et de dégoût, quand
une voix cria : « Des gens, ici ! Il y a du
bruit ! » C'était une écurie très sombre, et qui
paraissait vide. Nous y trouvâmes, en fait,
deux Ismaéliens armés, qui furent tués sur
l'heure, et l'un de nos compagnons, mort,
étendu sur on ne savait quoi : c'était un
troisième Ismaélien qui, à notre arrivée, s'était
enveloppé de quelques hardes qui traînaient
par là et caché sous le mort. Nous lui fîmes,
à lui aussi, son affaire, et emportâmes le corps
de notre ami à la mosquée. Il avait d'énormes
blessures, et ne bougeait ni respirait : de mon
pied, je lui remuais la tête, qui semblait
réellement sans vie, sur le pavé de la mosquée. Mais Dieu seul connaît nos destinées et
leur terme ! Si incroyable que cela fût, notre
homme revint à lui, survécut et retrouva sa
santé d'autrefois.

Quand il put parler, les jours qui suivirent, je méditai sur cette résurrection, et sur l'étrangeté des choses. Cet homme et Chayzar auraient dû mourir, et ils vivaient. Et s'ils étaient morts, c'eût été par hasard, le premier en entrant, comme cela, sans trop y songer, dans une écurie où il entendait du bruit, la seconde en tombant au pouvoir de l'ennemi qui n'était pas celui de tous les jours. Oui, le destin est étrange, ou du moins le baptisons-nous ainsi, quand il déconcerte notre pauvre entendement.

Car voyez cet autre caprice : Tancrède, dont la violence orchestrée, régulière, attendue, nous promettait le pire pour un jour ou l'autre, mourut sans voir la fin de Chayzar. Dieu sait pourtant qu'il en avait rêvé, et je suis sûr qu'une fois au moins, il crut l'affaire faite. C'était au début du premier mois de rabî', en 505 (septembre 1111). Mais nous étions alertés sur la puissance de l'offensive et, pour le coup, nous avions des alliés : les gens de Damas et ceux de Mossoul, sous les ordres du gouverneur Mawdoud. Celui-ci campait à l'est de la ville, sur l'Oronte. On lui conseilla de mettre à l'abri ses équipements et ses vivres dans la ville basse, avec le gros de ses troupes, lui-même s'installant au château. Mawdoud se rendit à cet avis. Au matin, il vit ses fantassins renforcés de cinq mille autres sortis de Chayzar. Tout ce monde se rangea au sud de l'eau, tandis que les Francs restaient au nord. La journée entière se passa à leur interdire l'accès de l'eau. La nuit tombée, comprenant la leçon, leurs bêtes assoiffées, ils se retirèrent. La même tactique fut appliquée aux haltes qui suivirent, entre Chayzar et Apamée : à chaque rivière, à chaque ruisseau, impossible d'atteindre l'eau sans dommage. Un des cavaliers francs, fou furieux, sortit des rangs et fonça sur nous. On tua son cheval, on le cribla de coups, mais lui, à pied, continua de se battre, en forcené qu'il était, et put regagner son camp.

Quelques mois passèrent, les choses reprirent un tour plus calme. Arriva d'Antioche un cavalier, avec une petite escorte. Il présenta une lettre de Tancrède, où il était écrit : « Le porteur est un chevalier que les Francs tiennent en haute estime. Il se dispose, après avoir accompli son pèlerinage, à retourner dans son pays. Il désire voir vos chevaliers, et m'a prié de l'introduire auprès de vous. Traitez-le bien. » L'homme était jeune, bien vêtu et de belle allure, avec un air de fierté, farouche même, que rehaussaient de multiples cicatrices, et surtout l'une d'elles, souvenir d'un coup d'épée qui l'avait frappé du sommet du front jusqu'en plein visage. Je demandai qui il était : « L'homme, me répon-

dit-on, qui a chargé tout seul l'armée de
Mawdoud et qui, son cheval tué, s'est battu
tant et tant qu'il a pu nous échapper. » Celui-
là avait prouvé, et superbement, que la mort
n'est pas plus retardée par le couard qu'avan-
cée par le brave, dès lors que c'est à Dieu et
à Dieu seul d'en décider.

Tancrède mort, Roger de Salerne, un vrai
Satan, lui succéda comme régent de la principauté d'Antioche. Ce fut vers cette époque
que notre Syrie du Nord vit s'accentuer encore
les combats, et surtout croître le nombre des
forces engagées. En l'année 509 (1115), les
Francs revinrent en force. Aux gens d'Antioche s'étaient joints les armées de Jérusalem
et de Tripoli, sans parler, hélas ! des autres :
deux Turcs, Toughtegin, fondateur de la
dynastie bouride de Damas, et l'Artouqide
Ilghâzî, seigneur de Mârdîn, en Haute-Mésopotamie, ainsi que l'eunuque Lou'lou', qui
régna sur Alep durant quatre ans. Il est vrai
que ce n'était pas pour nous seuls que tout
ce beau monde se déplaçait : la guerre, je
viens de le dire, étalait ses cartes. Des États
plus lointains, par idéal ou pour accroître leur
renom, venaient participer à la lutte contre
les Francs, suscitaient, dans le camp d'en
face, l'arrivée, en renfort, d'autres Francs et
même de certains princes turcs ou arabes,
pour qui ces musulmans surgis d'ailleurs ne

46

valaient pas mieux que des intrus venus chez eux, et à leur détriment peut-être, empocher profits et gloire. D'où la coalition hétéroclite que l'on vit apparaître, à cette époque, sur l'échiquier politique et militaire des pays de Haute-Mésopotamie et de Syrie du Nord, et qui entendait faire pièce à l'armée dépêchée par le sultan d'Ispahan, le Turc seldjouqide Mouhammad-Châh. Commandée par Boursouq, elle regroupa dans ses rangs, entre autres princes et sans parler de ceux de notre famille, Jouyouch-Bek, qui arrivait de Mossoul, et Aq-Sounqor, maître d'Al-Rahba, sur les bords de l'Euphrate.

La victoire alla d'abord d'un camp à l'autre. Des multiples péripéties de cette guerre, je retiens le siège de Kafartâb, aux mains d'une importante garnison franque. Je revois la sape que les soldats du Khorâsân* avaient creusée depuis le fossé jusqu'à la barbacane et au-delà : quand on eut bourré le tout de bois mort et que l'on y eut mis le feu, les joints de chaux qui liaient les pierres fondirent et la face extérieure de la tour minée s'écroula. Je revois l'assaut, mené par l'un de nos braves, la mêlée sur le rempart, l'attaque du sommet

* *Khorâsân* : région située à l'articulation de l'Iran, de l'Afghanistan et de l'U.R.S.S. (Turkmenistan).

47

de la tour à coups de bouteilles emplies de naphte, la reddition de la place, enfin. Mais je me rappelle aussi le désastre dans lequel tout cela s'acheva, notre armée défaite sur le chemin du retour vers Alep, Roger grand vainqueur près de Dânîth, et Kafartâb perdue de nouveau.

Quatre ans après, Ilghâzî l'Artouqide, revenu à une meilleure appréciation de son honneur et qui s'était retourné contre les Francs, nous fit connaître l'un de nos plus grands bonheurs : quelque part à l'ouest d'Alep, près d'Al-Balât, en l'an 513, le dix-septième jour du premier mois de rabî' (28 juin 1119), il fut vainqueur de Roger, qui périt au combat. La régence d'Antioche passa dès lors au roi de Jérusalem, Baudouin II, qui vint s'assurer de la ville. Quarante jours plus tard, il livra bataille à Ilghâzî. Celui-ci ne s'était pas encore remis de violents maux de tête qu'il traînait pour avoir trop sacrifié au vin après sa victoire sur Roger. Diminué, il ne put faire front et Baudouin le défit complètement. Seule consolation musulmane : la capture de Robert le Lépreux, maître de Sihyawn. Il ne craignait trop rien pour lui-même, ayant été l'ami de Toughtegin, seigneur de Damas et allié des Francs. Mais celui-ci avait, depuis, rejoint lui aussi le camp musulman et prêté main forte à Ilghâzî contre Baudouin. Robert fixa lui-même sa rançon à dix mille dinars. On l'amena devant Toughtegin, qui était en train de boire. A la vue de Robert, il se leva, retroussa les pans de sa robe dans son ceinturon, dégaina et trancha la tête du prisonnier d'un seul coup de sabre. Ilghâzî lui en fit reproche : « Nous avons besoin du moindre dinar pour payer nos hommes, et tu t'amuses à tuer quelqu'un qui pouvait nous en rapporter dix mille, et même plus, sans doute, si nous l'avions un peu effrayé. — Pour faire peur aux gens, répliqua Toughtegin, rien ne vaut ce moyen-là ! »

Quatre ans encore se passèrent. Balak, le neveu d'Ilghâzî, fit prisonnier Jocelin d'Édesse et après lui, merveille, le roi de Jérusalem en personne : c'était le 19 çafar 517 (18 avril 1123). Quand Balak fut mort au combat, un an après, le fils d'Ilghâzî, Timourtâch, transféra Baudouin chez nous, à Chayzar, où il nous demanda de le garder en otage et de jouer les intermédiaires pour son rachat. Nous le traitâmes selon son rang et à son entière satisfaction, si bien qu'une fois libéré, il nous fit gracieusement remise du tribut que nous versions alors, pour prix de la paix, à Antioche, où notre position, du même coup, acquit un certain poids.

Dans ces mêmes années, entre 514 et 518 (1120-1124), les luttes fratricides entre voisins n'avaient pas cessé pour autant. La plus longue, coutumière dirais-je, nous opposait aux gens de Hama et à leur chef, Mahmoud Ibn Qarâjâ, lui-même épaulé, le cas échéant, par son frère Khirkhân, seigneur de Homs. Je pus, à cette occasion, apprécier une fois de plus la sérénité d'âme qui était celle de mon père. Nous nous trouvions à une bonne distance de Chayzar, plus loin même que les lignes ennemies, et cela se passait un an après que j'eus dirigé une troupe au combat. Je me croyais donc assez d'expérience guerrière pour représenter à mon père qu'il ferait bien de quitter sa mule et d'enfourcher son cheval. Mais lui ne souffla mot. A la fin, l'ennemi s'étant retiré, nous regagnâmes Chayzar. « Seigneur, lui dis-je, les autres sont là, qui s'interposent entre la ville et nous, et tu te refuses à monter l'un de ces chevaux que l'on tient tout prêts, à tes côtés, pour la bataille ? — Mon enfant, répondit-il, je savais, par mon horoscope, que je n'avais pas à me faire le moindre souci aujourd'hui. » Et il est vrai que mon père connaissait parfaitement les étoiles et même, passant outre aux réserves de notre religion, se faisait fort de connaître leur influence sur notre destin proche ou lointain.

Mahmoud de Hama revint ensuite à de meilleurs sentiments, conclut une trêve et nous aida même dans nos expéditions contre les Francs. Il me fit un jour, par l'intermédiaire de mon oncle, demander de le rejoindre pour une expédition contre Apamée. Cette fois-là, un jour de l'année 518 (1124), je commandai l'armée de Chayzar. Nous trouvâmes l'ennemi dans le champ de ruines qui s'étend devant la ville : pierres, colonnes et restes de murs empêchaient les chevaux d'évoluer librement. Nous essayâmes une feinte : partir de côté, puis revenir à fond sur l'une des portes, mais nous fûmes rejoints et bousculés par les Francs, qui ne s'étaient pas laissé surprendre. Je me retrouvai ainsi face à la porte qui venait de se refermer, abrité pourtant des jets de pierres et de flèches. Non loin de là, un de nos compagnons vit sa jument touchée au poitrail d'un coup de lance. L'arme resta un instant fichée, mais la bête frappa le sol de ses pattes et la fit tomber : la peau du poitrail, libérée, resta pendante par devant.

Mahmoud, lui, venait de subir une très légère blessure à l'avant-bras. A ma grande surprise, il me confia le commandement de la troupe entière et me chargea de la regrouper, lui-même se retirant car, disait-il, il ressentait cette blessure, cette piqûre plutôt, jusqu'au cœur. Je rassemblai donc nos hommes et les ramenai à Chayzar, où Mahmoud m'avait précédé. Il portait un pansement, qu'il aurait enlevé sans les objurgations de mon oncle, lequel le pressait de rentrer d'abord à Hama. Il partit sur le soir. Trois jours après, sa main devint toute noire, il perdit connaissance et mourut. En méditant une fois de plus sur le destin imprévisible, j'eus une pensée pour le vieil adversaire qui venait de se racheter, et j'implorai pour son âme la miséricorde de Dieu.

En 520 (1126), il se passa du nouveau à Antioche. On vit un jour débarquer un jeune homme en guenilles qui se présenta devant Baudouin et se fit connaître pour le fils et successeur de Bohémond. Baudouin se démit de sa régence, lui abandonna la ville et établit son camp dans les parages. J'ai dit le bon esprit qui réglait les relations entre Baudouin et nous, mais tout changea avec le nouveau maître d'Antioche. Ce Satan nous infligea, des années durant, de terribles épreuves, et il nous aurait vraiment mis à mal si son jeune âge — il avait, je crois bien, dix-sept ans lors de son arrivée — ne l'avait pas empêché de tirer tout le parti des occasions que lui créait sa vaillance. Je le vis un jour s'en prendre à deux chevaliers francs qui venaient d'être mis en fuite par Jouma, l'un des nôtres : « Un seul musulman faire la chasse à deux chevaliers francs ! Vous n'êtes pas des hommes, vous êtes des femmes ! » Il leur prit leurs boucliers, dont il fit des mangeoires pour les bêtes, détruisit leurs tentes et les bannit.

Le souvenir m'entraîne... Lors d'une de ces batailles, Bourayka, vieille domestique d'un ami à nous, resta debout sur le bord de la rivière, au milieu des cavaliers à qui elle donnait à boire. Les nôtres, à un moment, refluèrent vers la ville basse, mais cette diablesse, sa cruche à la main, ne bougea pas d'un pouce. Eh bien ! c'est la même femme qui... Mais je laisse ici la parole à Baqiyya, l'intendant d'un domaine qui appartenait à mon père : « Une nuit, me dit-il, je quittai le domaine pour rentrer à ma maison de Chayzar, où j'avais à faire. En passant près du cimetière, je vis, à la clarté de la lune, une forme bizarre qui ne me parut tenir ni de l'être humain ni de l'animal. D'abord effrayé, je me ressaisis et voulus savoir. Je déposai tout doucement l'épée, la javeline et le bouclier de cuir que j'avais avec moi, ne gardant que mon poignard. Je m'avançai peu à peu : la forme, là-bas, parlait, chantonnait ou poussait des cris bizarres. Quand je fus assez près, je bondis, le poignard assuré dans ma main. C'était Bourayka ! Tête nue, hirsute, elle chevauchait un roseau et rôdait parmi les tombes en hennissant. "Honte sur toi ! m'écriai-je. Que fais-tu ici, à pareille heure ? — De la sorcellerie.;" Je les vouai, conclut Baqiyya, à l'exécration divine, elle, sa sorcellerie et ses pratiques. »

Pour en revenir à nos batailles, le pire était que nous devions tenir sur deux fronts : les gens de Hama, une fois de plus, s'étaient remis de la partie. Après la mort de Mahmoud Ibn Qarâjâ, la ville était passée au pouvoir des Turcs bourides de Damas, mais il semblait que rien n'avait changé : on nous volait du bétail, on nous attaquait. A quoi rimaient ces rencontres où, tous, nous nous connaissions si bien, trop bien ? Un jour, je dus faire grâce à Hadr al-Tût, que je ne pouvais me résoudre à tuer, et me retournai contre un autre adversaire. Adversaire, vraiment ? Ma lance le frappa à l'aisselle. Il tomba, se releva, se remit en selle et disparut. Alors, je le reconnus et rendis grâce à Dieu de ne pas l'avoir tué : c'était Ghâzî al-Tallî, un homme de bien dont j'eusse fait volontiers mon ami...

III

L'an 523 (1129) vit d'autres batailles, et
d'importance. Baudouin II, roi de Jérusalem,
voulut s'emparer de Damas ; avec lui étaient
Foulques, comte d'Acre et de Tyr, Pons de
Tripoli, Jocelin d'Édesse et Bohémond II
d'Antioche. Ce dernier, en passant, campa
devant Chayzar. Les Francs doutaient si peu
de la victoire qu'ils s'étaient déjà partagé,
pour les revendre aux bourgeois de chez eux,
les maisons, les bains, les marchés de Damas.
Mais Dieu — loué soit-Il ! — devait leur
infliger, devant la ville, la plus cruelle et la
plus humiliante des retraites.

Ainsi placés sur les arrières comme nous
l'étions, nous résolûmes, avec les gens de
Hama, de faire taire la vieille querelle et de
marcher ensemble sur Kafartâb, gardée, entre
autres soldats, par cent cavaliers d'élite. Nous
eûmes raison d'eux dans les environs, mais
Kafartâb elle-même resta aux mains de l'ad-

versaire. Je me souviens de l'un de nos compagnons, Qounayb, mort ce jour-là, et surtout de sa mère, une très vieille femme qui pleurait chez nous les défunts, aux funérailles. Cette fois, ses larmes et ses cris furent pour son fils. Tout le temps qu'elle gémit sur lui, il lui coula, des seins, tant de lait qu'elle en trempait ses vêtements. Et lorsque, un peu plus tard, sa douleur s'apaisa, ces mêmes seins, à ce que l'on m'en dit, redevinrent peau sèche, sans une goutte de lait...

Je revois aussi, lors du même combat pour Kafartâb, deux frères, Badr et Annâz, des Kurdes. Le dernier avait la vue basse. Quand on eut décimé la troupe des cavaliers francs, on coupa leurs têtes, que l'on attacha aux courroies des selles. « Eh ! Annâz, dit quelqu'un de Hama, à qui donc est cette tête que tu portes à la selle ? — Loué soit Dieu, répondit-il. Je ne l'ai pas prise à un ennemi mort, mais à un combattant, et qui s'est rudement défendu. — Malheureux, c'est la tête de ton frère Badr ! » Annâz examina la dépouille de plus près. Il eut honte de sa méprise, de son mensonge plus encore, et disparut à jamais de nos yeux.

Je me suis souvent demandé, à cette époque, à quoi servaient tant de batailles, et si elles finiraient un jour. Je savais, certes, qu'à son modeste rang et sous ses horizons limités,

Chayzar maintenait, contre les Francs, la cause et l'honneur de l'Islam. Mais je ne pouvais prévoir qu'à garder ainsi la place, nous préparions le terrain à de plus grandes entreprises. Pendant que nous nous mesurions aux gens de Hama et d'Antioche, une nouvelle étoile se levait à l'est. Bien sûr, comme tant d'autres princes, celui-là s'en prit d'abord à ses voisins. Mais il le fit, dirais-je, sans se tromper d'adversaire. L'ennemi, pour lui, c'était le Franc, et le domaine qu'il se tailla lui servit non pas seulement de tremplin à sa propre gloire, mais surtout de réserve où il allait puiser les forces nécessaires pour le vrai, le seul combat.

Il s'appelait Zengi et venait de Mossoul, dont il était l'atabeg : c'est un titre qui, chez les Turcs, désigne de grands personnages tuteurs de jeunes princes et devenus eux-mêmes princes-gouverneurs de régions entières. Dans les années 524 (1130), Zengi avait déjà mis la main sur Alep et Hama. Pour nous, c'en était fini de nos relations, trop souvent orageuses, avec nos voisins. Bonheur auquel s'en ajoutait un autre : crainte de notre vieille forteresse, qui avait montré à tous qu'elle savait se défendre chèrement, ou estime pour le rôle qu'elle avait toujours joué, Zengi nous laissa en paix et des relations amicales se nouèrent entre nos deux familles.

Je bouillais d'impatience, je rêvais de connaître un si grand prince, d'être à ses côtés pour les grands événements qui, je le pressentais maintenant, se préparaient. Je décidai alors de demander permission, à mon père et à mon oncle, de quitter Chayzar. A mon grand regret : les liens qui m'unissaient à eux, à mon père surtout, étaient forts, et je ne pouvais oublier cette tendresse particulière que je nourrissais pour lui, et lui pour moi. J'admirais en lui, plus que tout, la sagesse et la piété. Pour la première, je m'en tiendrai à ce qu'il répétait : « En toute espèce, la valeur se chiffre. Sauf pour l'homme, tant il est vrai que mille mauvais n'en vaudront jamais un seul d'excellent. » Et voici pour la piété : je voulus savoir un jour combien de copies du Coran il avait faites — car il écrivait superbement, d'un trait parfaitement sûr et que n'avaient pas altéré les blessures reçues aux bras et aux mains. « Un jour viendra où vous le saurez », me répondit-il. De fait, quand il sentit venir la mort, il désigna un coffre : « Il y a là, dit-il, plusieurs manuscrits ; lorsque je m'en irai, placez-les tous avec moi dans ma tombe, sous ma joue. » Nous en trouvâmes quarante-trois, au nombre desquels, en grand format et lettres d'or, une copie complète, à quoi s'ajoutait, à l'encre ordinaire, rouge ou bleue, ce qu'il avait appelé le Grand Commentaire et qui consistait en réflexions sur les lectures de passages difficiles, l'exégèse, les circonstances de la révélation des versets, les règles de vie qui découlaient du livre de Dieu. Une seconde copie du texte saint avait été, elle aussi, réalisée en lettres d'or, mais sans commentaire. Pour les autres, mon père avait employé l'encre ordinaire, en réservant l'or aux titres des sourates, aux chiffres des versets et à l'articulation des cinq, dix ou trente sections prévues, au choix du lecteur, pour la récitation quotidienne.

Était-ce le désir de se ménager le plus de temps possible pour ces exercices, pour le jeûne et la prière, qui avait dicté à mon père sa décision de l'année 491 (1098), lorsque je n'avais que trois ans ? Il ne m'en a jamais parlé, et je me suis bien gardé de l'interroger là-dessus. Toujours est-il que, cette année-là, il se démit du gouvernement de Chayzar, lui l'aîné, en faveur de son frère Soultân. Sans doute continua-t-il, ainsi que par le passé, de chasser et de faire la guerre, autant et souvent mieux qu'un autre. Mais il devait considérer que cela suffisait à ses activités profanes et qu'elles l'auraient décidément trop éloigné de Dieu pour peu qu'il eût persévéré aussi dans les charges du pouvoir.

Sans ce renoncement, j'aurais, un jour peut-être, régné sur Chayzar. L'ai-je regretté ? Je ne crois pas. Du reste — et sans parler de la volonté de Dieu qui s'accomplit là comme en toutes choses — je n'eus pas, de longtemps, à me plaindre de mon oncle Soultân. J'ai dit avec quelle attention il avait suivi, aux côtés de mon père, mes premiers pas d'homme, et guidé mes premiers combats. Je suis sûr qu'il me destinait alors à recueillir, après lui, la place que mon père lui avait laissée. Mais les êtres changent. L'oncle se maria, il lui vint des héritiers mâles ; sans qu'il s'en expliquât ouvertement, je sentais bien que moi, le fils d'un homme qui avait été notre chef à tous, désormais, je le gênais. A mille tracasseries, à mille mouvements d'humeur, je sentis que l'air m'était mesuré à Chayzar. L'essor de Zengi vint à point, je crois, pour justifier mon départ, d'abord, à mes propres yeux. Mon père, au reste, me conseillait depuis quelque temps, à mots feutrés, de prendre quelque distance. Et c'est pourquoi, la mort dans l'âme, mais heureux pourtant à la perspective d'un nouveau destin, je partis, à l'aube, un jour de l'année 524 (1130) pour Alep.

Zengi me reçut avec une grande courtoisie et me donna une maison où je pus m'installer assez commodément. A la vérité, je rongeai mon frein un moment. J'en profitai pour entretenir une correspondance régulière avec mon père, qui me donnait des nouvelles de mes épouses et de mes enfants. Je m'étais en effet marié quelques années auparavant, et si je me contente de signaler ainsi la chose en passant — comme je l'ai fait une fois, en parlant de Lou'lou'a, la vieille servante — c'est pour la bonne raison que la part intime de ma vie ne regarde que moi. A d'autres occasions, j'échangeais avec mon père des propos d'une autre tenue, en vers quand il le fallait. Je me vouai, pour mon compte, à étudier et à écrire, et j'eus bientôt une réputation assez établie pour réunir autour de moi un petit cénacle de savants et de lettrés. Bref, les jours passaient, sans plus. Et je me voyais mal, à moins de quarante ans, finir dans la peau d'un écrivain à demi oisif et en exil.

Heureusement en 526 (1132), il y eut de nouveau la guerre, cette guerre pour laquelle je brûlais de faire mes preuves auprès de Zengi. Je dois dire qu'elle commençait, pour moi, du mauvais côté : celui de nos frères. Zengi avait décidé d'aller montrer un peu sa puissance du côté de Bagdad, où régnait alors le calife Al-Moustarchid. Je me félicitai presque lorsque les choses tournèrent mal et que nous dûmes nous replier. Sur le chemin du retour, l'atabeg donna l'ordre à l'un de ses généraux, Mouhammad al-Ghisyânî, d'assiéger l'émir Qafjâq, un chef turcoman qui se tenait, comme suspendu dans les airs, en sa citadelle de Mâsourra, au Kouhistân, vers le sud du lac d'Ourmia. Nous venions, un beau matin, d'installer notre campement, lorsqu'une femme, du haut des remparts, nous cria : « Avez-vous de la belle et grosse toile de coton ? — C'est bien le moment, dit quelqu'un parmi nous, d'acheter et de vendre ! — Nous voulons, répliqua-t-elle, faire vos linceuls avec cette toile, car, d'ici cinq jours, vous serez tous morts ! » L'endroit était malsain, en effet, et les fièvres y régnaient, si bien qu'Al-Ghisyânî voulut presser les opérations. La forteresse était en pisé ; nos gens du Khorâsân* la minèrent, une tour s'écroula et l'on fit un prisonnier. Al-Ghisyânî ordonna qu'on le tranchât par le milieu. J'intervins : « Seigneur, nous sommes au mois sacré de ramadân, cet homme est musulman, et le tuer serait un crime dont tu devrais répondre dans l'au-delà. — Tranchez-le par le milieu ! reprit Al-Ghisyânî. La peur est la meilleure des armes contre ceux de la forteresse. — Seigneur, insistai-je, la forteresse, tu vas bientôt l'avoir, de toute façon. » Mais Al-Ghisyânî s'entêta : « J'ai dit qu'on le tranche par le milieu ! » Ce qui fut fait, et la forteresse tomba peu après.

* Voir note p. 47.

En l'année 528 (1134 de l'ère chrétienne), nouvelle démonstration destinée, celle-ci, au prince turc artouqide de Haute-Mésopotamie, Qarâ-Arslân Ibn Dâwoud, en sa forteresse d'al-Çawr. Zengi intervenait ainsi, pour mieux asseoir son autorité sur ces pays, dans les affaires de la famille : car il n'avait pas fait mystère de sa volonté — qu'il réalisa effectivement — de remettre la forteresse à un autre Artouqide, Timourtâch, le fils d'Ilghâzî, dont j'ai déjà parlé. L'atabeg envoya quelqu'un crier sous le rempart : « Eh ! vous, les arbalétriers ! Message de Zengi : si vous tuez un seul de ses compagnons, il vous fera couper proprement les mains ! » Deux faits marquèrent l'attaque et la prise de la citadelle. D'abord, ce qui advint à l'un des gardes du corps de l'atabeg, un Alépin nommé Ibn al-Arîq : frappé d'une quantité de blessures et jeté, du haut des fortifications, dans le fossé, il n'en mourut point. Ensuite, le sort réservé aux arbalétriers : comme l'un de nos Khorâsâniens venait de mourir des suites d'un épouvantable coup qui l'avait touché à la rotule, l'atabeg, maître de la place, fit couper, aux neuf arbalétriers, le tendon du pouce. Leurs mains devinrent lâches et sans vie.

Zengi entendait bien ne pas en rester là. C'est la Syrie qui fixait ses vues, la Syrie tout entière, qui pouvait enfin lui fournir les ressources nécessaires à la lutte contre les Francs. En 529 (1135), une grande offensive fut décidée contre Damas. Je profitai de l'occasion pour faire un détour et aller revoir, dans le vieux château de mon enfance, ma famille et mon père. Après quoi, je rejoignis l'armée dans sa marche. Nous arrivâmes ainsi à Al-Qoutayyifa, au nord-est de Damas. Mouhammad Al-Ghisyânî me fit partir en avant, puis vint me rejoindre avec une poignée d'hommes. On voyait de la fumée, à quelque distance. C'étaient, nous apprirent les éclaireurs, des soldats de Damas qui avaient mis le feu à de la paille. Nous nous précipitâmes sur eux ; mais, un peu plus loin, nous voilà sur l'armée ennemie au grand complet, qui barrait l'accès d'un pont. Abrités derrière les murs d'un caravansérail, nous fîmes sortir, à tour de rôle, cinq ou six cavaliers, qui se montraient à l'adversaire, puis revenaient. Nous espérions ainsi faire croire aux gens d'en face qu'ils risquaient, en allant plus loin, de tomber dans une embuscade.

Survint Zengi, précédant lui-même le gros de notre troupe. Il ne fut pas plutôt là qu'il apostropha vertement Al-Ghisyânî, qui tenta de se justifier. Tous deux parlaient turc, langue que je ne pratiquais pas, mais on m'en traduisait assez, autour de moi, pour que j'eusse une correcte idée des choses. « Tu t'es précipité, disait Zengi, jusqu'aux portes de Damas avec trente cavaliers ! Tu voulais te faire mettre en pièces ? » Un peu plus tard, quand toute l'armée fut là, je dis à Al-Ghisyânî : « Un mot, un seul mot de toi, et je prends quelques hommes, je bouscule ceux de Damas et je t'ouvre le pont ! » Mais lui : « Que non pas ! La peste soit de qui agit loyalement envers cet homme-là ! Tu ne vois pas comme il m'a traité ? »

Une autre fois, lors de la même campagne qui devait finalement se solder par un échec, nous campions près de Dârayyâ, au sud-ouest de Damas. L'ordre arriva de nous mettre en route : nous devions protéger, contre une attaque ennemie, la petite armée du maître de Balbec, qui voulait nous rejoindre pour nous appuyer contre sa propre famille, les Turcs bourides de Damas. C'était la nuit : un envoyé d'Al-Ghisyânî, lorsque je l'eus rejoint, me demanda si j'avais su, au moment où je recevais son ordre, qu'il était lui-même déjà à cheval. « Non, répondis-je. Mais je suis ainsi fait : mon cheval mange son orge, mon écuyer le bride et s'assied, le tenant en main, à la porte de ma tente. Quant à moi, je passe l'équipement qu'il me faut, je ceins mon épée et je dors. Comme cela, je suis toujours prêt. »

Je connaissais assez mon homme pour savoir que je ne m'en tirerais pas à si bon compte

et qu'il voudrait s'assurer de ce que j'enten-
dais par ce mot de prêt. Effectivement, au
matin de cette même nuit, il me demanda où
j'avais bien pu mettre ma tunique, puisqu'il
ne la voyait pas sur moi. Je fis un geste à mon
écuyer, qui vint avec un sac de cuir d'où je la
tirai. Je pris un couteau et décousis la tunique
au niveau du cou, tout juste pour montrer, en
dessous, les bords de deux cottes de mailles.
L'une, franque, descendait jusqu'au bas de la
tunique, et l'autre, sur la première, seulement
à mi-hauteur. Toutes deux étaient garnies de
doublures, en feutre, soie grège et poil de
lièvre. Al-Ghisyânî se tourna vers un serviteur,
à qui il parla en turc. J'attendis. Le serviteur
amena un pur-sang bai, récent cadeau de
l'atabeg à Al-Ghisyânî : une bête superbe,
massive comme un rocher taillé dans la cime
d'une montagne. Al-Ghisyânî était avare
d'éloges, et j'appréciai ces simples mots qu'il
m'adressa : « Ce cheval-là ira bien avec la
tunique. »

Ce qui me donna, à la fin, toutes assurances
quant aux buts poursuivis par Zengi, ce furent
les campagnes qu'il dirigea, dans ces années
530-531 (1136-1137), contre les possessions
franques entre Chayzar et la mer. Il ravagea
le pays de Lattaquié puis, plus près de nous,
mit le siège devant Rafaniyya. Je me souviens
que j'avais alors un superbe cheval, que je ne

montrais pas trop. Peine perdue. L'atabeg me demanda de le lui prêter, pour une course et puis une autre, si bien que je compris : je lui en fis don.

Après quoi, ce fut le tour d'une autre place forte, Al-Bâri'a *, non loin de là, dans la montagne. Nous étions au mois de dhou l-hijja 531 (août 1137). Le terrain sur lequel s'élevait la forteresse consistait en rochers. Impossible, donc, de dresser les tentes. L'atabeg s'installa un peu plus bas et chargea ses généraux, à tour de rôle, de s'occuper du siège, lui-même se contentant de tournées d'inspection. Le héros, en nos rangs, fut un nommé Mazyad, qui n'avait pourtant pas eu l'occasion de se signaler jusque-là. Mais il faut croire que les hommes ont des moments marqués dans leur destinée. Malgré un équipement fort léger, il se fraya, à grand coups d'épée, un chemin parmi les soldats qui étaient sortis de la forteresse. Ce fut le début de la victoire, un des plus beaux succès de Zengi car, en face, il y avait le roi de Jérusalem en personne, Foulques V d'Anjou, que Zengi, très noblement, laissa repartir libre.

Pour moi, hélas ! cette année fut l'une des

* *Al-Bâri'a*, Bârîn, Montferrand : forteresse de la région nord-ouest de Homs.

pires de ma vie. J'en ai dit assez sur mon père pour que l'on ait compris quels liens m'attachaient à lui. J'ai beau croire au Seigneur et à sa juste miséricorde, je n'en connus pas moins une tristesse sans bornes lorsque, rappelé à Chayzar, j'y enterrai ce père vénéré, la joue sur ses Corans...

Mais je dois revenir à Zengi. Je voyais, à travers ses campagnes, se réaliser peu à peu une volonté résolue, sur les deux fronts qu'elle visait. Car, parallèlement à ses succès contre les Francs, l'atabeg étendait sa puissance en terre d'Islam. Ainsi les deux guerres se nourrissaient l'une l'autre : le Franc vaincu enrichissait la gloire de Zengi, son prestige et, par là même, sa force en pays musulman, et les succès en ce dernier fournissaient à leur tour de plus grandes ressources pour se retourner contre le Franc. L'année 531 (1137) vit donc l'atabeg, entre ces batailles que je viens d'évoquer, s'en prendre à Homs ; il ne réussit pas à soumettre la ville, qui appela les Francs à l'aide, mais, deux ans plus tard, il était maître de Balbec. L'étau se resserrait sur Damas, et si Zengi ne devait pas voir réaliser ce vieux rêve, du moins avait-il forgé, pour son fils Nour al-Dîn, les clés de la grande ville, l'une des gloires de l'Islam : j'y reviendrai.

Ses succès, Zengi les devait, entre autres qualités, au soin avec lequel il sut choisir ses auxiliaires. Nombreux sont ceux qui lui ont entendu dire : « J'ai trois hommes à moi : Ali Koujak, qui craint Dieu, mais pas moi ; Sounqour, qui me craint, mais pas Dieu ; et Mouhammad Al-Ghisyânî, qui ne craint ni Dieu ni moi. » C'est le dernier des trois qu'il me fut surtout donné de connaître. Aux épisodes que j'ai déjà rapportés, sur sa bravoure et les excès de sa colère, j'en ajouterai deux autres. Après notre victoire à Mâsourra, il se fit amener l'imam de la place forte, un homme cassé par l'âge et qui s'appuyait sur deux bâtons. « Avance, bonhomme, avance ! » lui dit Mouhammad. Quand l'autre fut à portée, il tira un couteau de sa ceinture et lui coupa la barbe au ras du menton ; elle lui resta dans la main comme un de ces postiches que l'on accroche, en manière d'ornement, au cou des chevaux. Quel besoin, je vous le demande, pour un grand capitaine, de s'en prendre ainsi à un pauvre vieillard qui, de tout ce qui se passait autour de lui, ne voyait rien, n'entendait rien ?

Lors de la chute d'une autre forteresse de l'émir Qafjâq, on trouva tout un magasin de grosses toiles de coton, déjà cousues et destinées aux indigents de la Mekke. Mouhammad fit main basse sur le lot entier, réduisit en captivité tout ce que la place renfermait de juifs et de chrétiens, et pilla leurs biens. Peu lui importait de violer ainsi la loi de l'Islam, qui commande pourtant de respecter et protéger ceux qui, comme nous, croient à une Écriture révélée.

La compagnie de l'atabeg Zengi me donna l'occasion de certains voyages. Ainsi de celui que je fis en Arménie. Zengi avait demandé en mariage la fille du seigneur de Khilât, sur les rives du lac de Van ; le père était mort, et la mère gérait le pays. Pour l'atabeg, la partie n'était pas jouée, car Ibn Dilmâj, maître de Badlîs, au sud-ouest du même lac, avait fait la même demande pour son fils. Zengi, à la tête d'une superbe armée, partit pour Khilât en coupant en pleine montagne, de façon à éviter le défilé de Badlîs, où Ibn Dilmâj l'attendait peut-être. Nous allions à marches forcées, bivouaquant sans dresser les tentes. Une fois passés par Khilât et le contrat signé, l'atabeg confia le gros de l'armée à Mouhammad Al-Ghisyânî pour qu'il allât combattre Ibn Dilmâj. Celui-ci sortit de sa ville à notre rencontre et nous installa à quelque distance de Badlîs. Il offrit à Mouhammad un accueil princier, se déclara à son service, but avec lui et le pria de dire ce que l'on pouvait faire pour lui, après tout ce long chemin qui devait l'avoir éprouvé. « L'atabeg, répondit Mouhammad, est fâché de ce que tu aies aspiré pour ton fils à la main d'une femme qu'il avait lui-même demandée et pour laquelle tu étais prêt

à sacrifier dix mille dinars. Donne-les-nous !
— Bien volontiers », acquiesça Ibn Dilmâj,
sans autre requête qu'un délai de quelques
jours. Sage politique, en vérité, que celle qui
fait passer avant tout la prospérité et la paix
des sujets.

Je retiens aussi, de la même époque, le
souvenir de mes chasses aux côtés de Zengi.
Il disposait d'une foule d'oiseaux de proie.
Nous allions le long des rivières, derrière les
fauconniers. Les tambours battaient, les oiseaux
prenaient leur envol. On lâchait d'abord les
autours, pour assurer le gros de la chasse,
puis les faucons pèlerins, extraordinairement
rapides, qui allaient traquer les perdrix lorsqu'elles s'enlevaient le long des pentes. Un
jour, dans une plaine à moitié inondée, près
de Mossoul, un francolin s'envola d'un champ
d'aubergines où il se tenait caché. On lança
un épervier, qui le saisit et redescendit, mais
une fois au sol, le francolin lui échappa.
L'épervier attendit qu'il eût pris de la hauteur,
puis repartit, le captura de nouveau et, cette
fois, le tint ferme.

Pour les bêtes, on procédait ainsi : le cercle
refermé, personne n'avait le droit d'y péné-
trer. On tirait l'animal lorsqu'il tentait de
sortir. A ce jeu, Zengi était le plus habile. Et,
pour moi, le plus généreux : la première
gazelle qu'il abattait me revenait, sans excep-

tion. Un jour, au pays de Nisibe, sur le Hirmâs qui est une rivière du bassin de l'Euphrate, ce fut un loup qui, pris dans le cercle avec une gazelle, bondit dessus, la terrassa et s'accroupit sur elle. Il fut tué dans cette position.

Encore un souvenir de chasse. Nous étions à l'ouest de Mossoul, dans les montagnes de Sinjâr. Après avoir tué, d'une seule flèche, une hyène surprise en plein sommeil, Zengi fut informé que l'on venait de trouver un lièvre au gîte. Les cavaliers formèrent le cercle. Alors, l'un des gens de l'atabeg reçut l'ordre d'aller de l'avant et de lâcher sur le lièvre un lynx qu'il portait en croupe, comme on le fait d'un guépard. Mais le lièvre se faufila parmi les pattes des chevaux et disparut. C'était la première fois de ma vie que je voyais chasser au lynx.

L'histoire que je vais raconter maintenant n'a rien à voir avec ce qui précède. J'en parle moins parce qu'elle se rapporte à la même période de ma vie, que pour l'inscrire au nombre des faits exemplaires qui donnent à méditer le mystère et la puissance de l'action divine. J'étais à l'armée de l'atabeg et venais de recevoir l'invitation d'un ami. Je me rendis chez lui sur ma mule, qu'un écuyer à moi, Ghounaym, fit entrer dans l'étable où l'attendaient les bêtes des autres invités, avec leurs serviteurs. J'étais très attaché à ce Ghounaym, un hydropique, avec un cou d'une extrême maigreur, et un ventre tout enflé : faible, dolent, il ne résistait, au vrai, que pour continuer à me servir, et je lui vouais d'autant plus de reconnaissance qu'il avait quitté Chayzar pour me suivre dans mon exil. Or, il se trouvait, dans la compagnie, un jeune Turc qui avait perdu la tête à force de boire. Il attaqua, à coups de couteau, les serviteurs de l'étable, qui détalèrent sans demander leur reste. Le brave Ghounaym, lui, dormait, la tête sur la selle, près de la mule allégée et bouchonnée. Il ne se réveilla que pour recevoir, au-dessous du nombril, un coup qui lui ouvrit le ventre sur quatre pouces de profondeur. On amena dans ma maison l'agresseur, mains liées derrière le dos, et sa victime. Je libérai le premier, qui n'était pas responsable à mes yeux. Quant à Ghounaym, il put se remettre à marcher, il revint même à ses occupations, mais sa blessure restait toujours ouverte : il ne cessa d'en sortir, deux mois durant, un liquide jaune avec des espèces de croûtes. Et puis, miracle, la plaie se referma, le ventre s'amincit et Ghounaym guérit tout à fait de ses anciennes misères.

Ma mémoire va de ce malade à un autre, hydropique comme lui. Il s'agissait d'un homme de chez nous, qui vivait à la forteresse près du pont. Je savais qu'il avait guéri de son

mal, mais comment ? Je le lui demandai.
« Pauvre homme que je suis, me dit-il. Je vis
seul. Mon ventre était devenu gros, très gros,
et moi-même, du coup, tout à fait impotent.
La vie me pesait. Je ne sais trop si j'ai vraiment
voulu me tuer — auquel cas Dieu me pardonne ce péché d'entre les péchés ! — ou
seulement employer, contre mon mal, les
grands moyens. Toujours est-il que je me suis
fait, avec un rasoir, une belle estafilade dans
le gras du ventre, près du nombril. Il en est
sorti deux marmites d'eau, et puis cette eau a
continué de suinter, tant et si bien que mon
ventre est devenu tout plat. Je l'ai recousu,
j'ai soigné la blessure, j'étais guéri. » L'homme
me fit voir son ventre, où il y avait une
cicatrice longue de plus d'un empan. N'en
doutons pas : il avait reçu, pour cet épisode
de sa vie terrestre, une pleine et entière
bénédiction, car il m'est arrivé de connaître
un autre hydropique, dont le médecin avait
ouvert le ventre : de l'eau en était sortie,
comme à celui qui s'était opéré lui-même,
sauf qu'en ce dernier cas, l'incision avait
causé la mort du patient...

J'en arrive maintenant aux derniers événements de cette époque, qui virent ma rupture
avec Zengi. La puissance, l'énergie et les buts
de l'atabeg étaient devenus si visibles aux
yeux des Francs qu'ils résolurent de le briser :

toute une coalition se présenta, qui rassemblait le roi des Roum, Jean*, des troupes de Jérusalem, Tripoli et Antioche, et les musulmans de Homs que les Francs, l'année précédente, avaient sauvés de l'assaut de Zengi. Ce fut, en réalité, Chayzar qui supporta tout le poids de l'offensive : au printemps de l'année 532 (1138 de l'ère chrétienne), notre vieux nid d'aigle, qui avait jusque-là résisté à tous les coups du sort, paraissait bien près de périr.

Quelque temps auparavant, Mouhammad Al-Ghisyânî, qui avait reçu de Zengi le gouvernement de Hama, s'était déchargé de cette fonction sur son propre fils, afin de pouvoir mieux se consacrer à ses tâches militaires. Mais ce fils, lorsque le ciel s'assombrit et que l'on commença de parler guerre, fit savoir à Mouhammad qu'il refusait de rester plus longtemps à son poste. Mouhammad, alors, envoya quelqu'un dire à l'atabeg qu'il pouvait disposer à nouveau de Hama. « Tu as décidément pris un mauvais parti, fis-je remarquer à Mouhammad. L'atabeg va croire que lorsqu'il te donne quelque chose, tu le manges si c'est de la viande, et lui renvoies les os quand il ne reste plus qu'eux. — Et que dois-je faire ?

---

* *Jean* : l'empereur byzantin, Jean Comnène.

demanda Mouhammad. — Je dirais, si j'étais toi : ici est ma place, ici je reste. Si le Très-Haut me sauve, ce sera pour mon honneur et ma gloire. Si je péris, c'est que mon terme était fixé, et au moins n'aurai-je rien eu à me reprocher. »

Mouhammad me remercia, ajoutant que personne ne lui avait jamais parlé ainsi. J'aurais dû pourtant le connaître... Confiant en sa parole et persuadé qu'il allait organiser la défense de toute la région de Hama et Chayzar, je préparai tout ce que j'allais emporter avec moi pour soutenir un siège aux côtés de ma famille : de la graisse, des moutons et une bonne quantité de farine. J'en étais là de ces préparatifs quand arriva un envoyé de Mouhammad. C'était le soir, le soleil se couchait. « Mon maître, me dit l'envoyé, te fait savoir que nous partons après-demain pour Mossoul. Veille à prendre tes dispositions pour ce voyage. » J'étais effondré, je ne pouvais imaginer de partir pour Mossoul en laissant là-bas, à Chayzar, mes enfants, mes frères et tous les miens. Au matin, je galopai jusqu'au campement de Mouhammad et lui demandai permission d'aller jusqu'à Chayzar prendre l'argent et les provisions qui m'étaient nécessaires pour le voyage de Mossoul : je préférai ruser plutôt que d'abattre mes cartes.

Mouhammad fit droit à ma demande, je le

croyais du moins. Si j'avais su... En réalité, ses gens m'avaient devancé à Chayzar. Mon fils Mourhaf avait bien essayé de leur résister ; en vain. Les autres avaient raflé des tentes, les armes, le mobilier, maltraité mes parents, mes amis. C'était pour nous tous une terrible épreuve, avant l'autre, celle du siège, qui allait se préciser les jours suivants.

Nous étions seuls, bien seuls, pour résister à tant de monde contre nous. Sans parler des mangonneaux qui jetaient sur nos remparts d'énormes pierres de vingt ou vingt-cinq livres, à des distances plus grandes qu'une portée de flèche. Un jour, la maison d'un ami fut détruite ainsi, de fond en comble, par un noyau de pierre de meule. Un autre projectile brisa, juste au milieu, la lance où était fixé notre étendard, sur une tour. La partie brisée de la lance tomba droit vers le chemin de ronde où elle frappa l'un de nos compagnons qui passait par là : elle s'enfonça dans son corps à partir de la clavicule, et le tua net.

Un autre jour, Khoutloukh, un serviteur de mon père, se trouvait dans la salle d'entrée de la forteresse, avec quelques autres soldats, tous épée en main et parés pour toute éventualité. Un vieil homme accourut et cria : « Musulmans ! Pensez à vos femmes ! Les Roum sont sur nos talons ! » L'ennemi, en effet, venait d'entrer par une brèche que les

77

machines avaient ouverte dans la muraille.
Khoutloukh et ses amis purent contenir l'assaut. Après quoi, l'alerte passée, il se retrouva
seul avec le vieil homme. Celui-ci se mit
contre le mur pour uriner. Mais Khoutloukh
entendit tout à coup, dans son dos, quelque
chose tomber avec un grand bruit. Il eut si
peur pour son compagnon qu'il prit le risque
de le gêner, et se retourna pour voir ce qu'il
en était. Une pierre de mangonneau venait de
lui briser la tête en la plaquant sur le mur, et
la cervelle coulait le long de la pierre.

Une autre fois, ce fut un soldat qui eut le
pied brisé par un de ces projectiles. On le
transporta devant mon oncle, qui fit venir le
rebouteux. C'était Yahyâ, un artisan, mais un
artiste véritable pour ce genre d'opérations.
Une fois arrivé, il s'installa, avec son patient,
à l'extérieur de la forteresse, loin des regards :
il ne tenait pas à laisser voir le secret de ses
pratiques. Une pierre vint frapper la tête du
blessé et la fit voler en éclats. Le rebouteux
revint à l'intérieur de la forteresse. « Voilà
une opération rondement menée »,. lui dit
mon oncle. « Seigneur, répondit l'autre, notre
homme a reçu une autre pierre qui l'a dispensé de toute nécessité d'opération. »

Ces morts, ces assauts nous enfermaient
dans une crainte de plus en plus vive. Notre
vieille citadelle résisterait-elle longtemps à

tant de fureur ? Mon oncle Soultân prit le parti de la sagesse, et réussit. Jouant des rivalités qui agitaient le camp d'en face, il obtint à prix d'or le départ du roi des Roum qui, un beau jour, fit sonner la retraite. Celle-ci, peu après, devint générale, et Chayzar respira. Mais pas moi. Je m'attardai au château, je chassai, j'espérais toujours que Soultân oublierait ses anciennes rancunes. Pour me gagner ses faveurs, fou que j'étais, je multipliais les exploits contre les lions et autres fauves. Un soir, mes amis et moi rentrions à la citadelle, avec la dépouille d'un lion. La nuit était tombée. Je vis arriver, portant une chandelle, ma grand-mère, qui était devenue centenaire ou presque. Je lui baisai la main, mais elle se mit en colère : « Mon enfant, pourquoi donc ces épreuves où tu risques ta vie et qui rendent ton oncle plus froid encore, ou plus haineux, à ton égard ? — Mais, grand-mère, répondis-je, tu sais bien que c'est tout le contraire pour moi, que je n'aspire, en m'exposant ainsi, en montrant mon courage, qu'à me gagner le cœur de mon oncle ! — Ciel ! Cela ne fait que l'éloigner davantage de toi ! ».

La vieille dame avait raison : mon oncle finit par jeter bas le masque : j'étais banni de Chayzar. Pour toujours, disait-il, et c'était vrai : je ne devais plus jamais revoir le pays de mon enfance.

IV

La décision de mon oncle n'arrangeait en rien mes affaires auprès de Zengi. Je le savais déjà furieux que j'eusse préféré aller à Chayzar plutôt qu'à Mossoul, où m'appelaient ses ordres. Et maintenant que j'étais en disgrâce officielle à Chayzar, je pouvais d'autant moins espérer la faveur de l'atabeg, lequel ne tenait pas, je pense, à se brouiller, pour moi, avec mon oncle Soultân. En cette triste année 532 (1138), je dirigeai donc mes pas vers Damas, avec l'espoir d'y être accueilli. Je le fus en effet, et devins l'ami de Mouîn al-Dîn Anour, le ministre du prince régnant, qui me donna les moyens d'installer aussi ma famille. Malheureusement, j'avais compté sans la rancune de Zengi, qui me poursuivit jusque-là. Les Turcs bourides de Damas, qui venaient d'essuyer, trois ans auparavant, l'offensive de l'atabeg, voulaient éviter de lui donner le moindre prétexte de se manifester à nouveau devant les portes de la ville. Les interventions d'Anour en ma faveur n'y firent rien, et l'on décida de me donner un peu de champ : le premier jour de l'année 533 (8 septembre 1138), je partis en ambassade pour Jérusalem. Je devais resserrer les liens entre cette ville et Damas, où les Bourides n'avaient pas trop d'appuis pour tenir à l'écart leur puissant voisin du nord.

L'arrêt de Dieu avait prescrit que je leur resterais plusieurs années attaché, soit en Syrie même, soit en Palestine, où je me rendis à plusieurs reprises : car, après ma première ambassade, il y en eut d'autres, où j'accompagnai Anour, inquiet des visées de Zengi, qui n'avait pas renoncé à se rendre maître de Damas. Peut-être est-ce à Zengi lui-même, et au jeu trop clair qui était le sien, que je dus de rentrer en grâce auprès de tous ceux qui m'avaient, en Syrie, battu froid pour se ménager ses faveurs : l'homme qui avait eu à souffrir de l'atabeg, de l'ennemi, n'en devenait que plus estimable. A Jérusalem en tout cas, dans les années 535-538 (1140-1143), je pus nouer, avec les Templiers et la chevalerie franque, des relations confiantes, et parfois même d'amitié. J'eus aussi l'occasion de rendre de fréquentes visites au roi Foulques V, qui se tenait presque pour mon obligé : il avait en effet épousé Mélisende, la fille de

Baudouin II, et gardé présente à sa mémoire
la très noble façon dont nous avions traité ce
dernier lorsqu'il était notre otage à Chayzar.

Je concède volontiers aux Francs deux
mérites : la bravoure et l'estime où ils tiennent leurs chevaliers. J'eus affaire, un jour,
avec le maître de Bâniyâs, Renier, pour des
moutons qu'il nous avait dérobés, en pleine
paix. « En voilà un, dis-je au roi Foulques, qui
nous a causé un tort considérable : il a volé
nos bêtes au moment où les brebis allaient
mettre bas. On nous les a rendues, mais sans
les petits, et la perte nous reste. — Allez ! dit
le roi à cinq ou six chevaliers, et faites-lui
justice ! » Ils quittèrent un instant l'audience
du roi pour délibérer et revinrent pour décla-
rer, unanimement, que le seigneur de Bâniyâs
paierait une amende. Renier en appela à mon
indulgence, insista et insista si bien que, lassé
ou convaincu, je me contentai de quatre cents
dinars. L'exemple est frappant de l'accueil
réservé à une sentence émanant des chevaliers : personne, et pas même le roi, ne peut
aller là contre.

Un autre jour, le roi me dit : « Ousâma, par
la vérité de ma religion, j'ai, hier, ressenti une
joie très vive. — Dieu te bénisse, répondis-je.
Et quelle est cette joie ? — Je m'étais laissé
dire que tu étais un chevalier, et jusqu'à hier,
je ne le croyais pas. — Chevalier, je le suis,

Seigneur, mais de ma race à moi, de mon peuple à moi. » Il est vrai que, grand et mince, je possède deux qualités que les Francs prisent, avant toute autre, chez leurs chevaliers.

Ces mêmes Francs, pétris de courage et d'ardeur guerrière, manquent parfois du plus élémentaire jugement. Je m'en réfère à l'attitude d'un très honorable chevalier de chez eux, ami du roi Foulques et qui, venu faire le pèlerinage de Jérusalem, allait s'en retourner chez lui ; nous étions, lui et moi, devenus si familiers qu'il m'appelait son frère. Quelques jours avant son départ, il m'entreprit ainsi, devant l'un de mes fils, âgé de quatorze ans, qui m'accompagnait : « Je m'en vais chez moi, comme tu le sais. Ce fils que tu as là, confie-le moi : dans mon pays, il observera les chevaliers, apprendra leur sagesse et leurs usages, et quand il reviendra chez lui, il sera un homme accompli. » Je fus choqué de pareils propos, qui me paraissaient, pour le coup, sortir d'une tête sans cervelle. Car si mon fils, je vous le demande, eût été un jour fait prisonnier, quelle pire détresse, pour lui, que d'être emmené au pays des Francs ? Je gardai tout cela pour moi et répondis que j'avais nourri le même dessein, mais que j'étais empêché d'y donner suite en raison de l'amour que ma mère portait à l'enfant et qui la tuerait si je les séparais tous deux : aussi bien m'avait-elle fait jurer, lorsque j'avais entrepris avec lui ce voyage à Jérusalem, de le lui ramener sans trop tarder. « Ta mère vit donc encore ? me répondit le chevalier. Alors tu as raison : ne la contrarie pas. »

Puisque j'en suis à ces ambassades en Palestine et que j'ai déjà commencé d'évoquer certains comportements des Francs, je saisirai l'occasion de rappeler, à leur propos, d'autres souvenirs. Et d'abord ceux qui se rapportent à la médecine. La meilleure ou la pire. Le roi de Jérusalem, par exemple, avait un trésorier nommé Bernard, dont la jambe, blessée par une ruade de cheval, s'ouvrit en quatorze endroits différents, chaque blessure ne se fermant que pour en laisser éclater une autre. Je faisais des vœux pour la prompte mort de ce damné, le plus infâme des Francs peut-être, lorsque arriva le médecin. Il débarrassa la jambe de tous les emplâtres dont on l'avait enveloppée et entreprit de la laver, à grands coups de vinaigre très fort. Après quoi, les blessures se cicatrisèrent et l'homme, guéri, fut bientôt debout.

Autre exemple tout aussi étonnant de la médecine franque. Un artisan de Chayzar, Abou l-Fath, avait un fils dont le cou était rongé de scrofules. S'étant rendu à Antioche pour quelque affaire, il avait emmené le garçon. Un Franc remarqua son triste état et dit

au père : « Veux-tu me jurer sur ta religion
que, si je te donne un remède pour ton fils,
tu n'accepteras ensuite aucune rétribution de
la part de tous ceux que tu pourras guérir
avec ce remède ? » Abou l-Fath ayant juré, le
Franc reprit : « Il te faut des feuilles, non
pilées, de la plante que l'on appelle soude. Tu
les brûleras et feras tremper le résidu dans
un mélange d'huile et de vinaigre très fort.
Tu appliqueras le produit sur les scrofules,
jusqu'à leur complète résorption. Après quoi,
tu promèneras, sur la peau, du plomb passé
au feu et enduit de beurre fondu. » Les maux
du garçon, soumis à ce traitement, disparurent tout à fait et il recouvra la santé. Abou l-
Fath tint sa promesse et soigna gratis tous les
malades qui se présentaient à lui. J'en ai traité
beaucoup d'autres moi-même avec ce remède-
là, qui agit chaque fois avec succès.

Mais les choses ne vont pas toujours aussi
bien. L'entêtement, la sottise s'en mêlent. Le
maître d'Al-Mounaytira, une forteresse qui
relevait de Tripoli, entre Balbec et la mer, me
demanda un jour, à Chayzar, de lui envoyer
un médecin pour quelques-uns de ses malades.
Nous lui dépêchâmes le nôtre, Thâbit, un
chrétien. Il revint si vite que nous lui fîmes
compliment pour des soins si rapides, mais
lui d'expliquer : « On m'a montré un chevalier dont la jambe avait un abcès, ainsi qu'une

femme atteinte de consomption. Pour le premier, j'ai préparé un petit emplâtre, l'abcès a
crevé et pris bonne tournure. Pour la seconde,
j'ai pensé à une diète assortie d'un traitement
approprié. Mais voilà que survient un médecin franc, qui décide que je n'y connais rien.
Il s'adresse au chevalier : « Que préfères-tu,
vivre avec une jambe ou mourir avec deux ? »
L'autre répond qu'il aime mieux vivre. Le
médecin dit alors qu'il a besoin d'un chevalier
robuste et d'une hache tranchante à souhait.
J'assistais à la scène : notre homme installe
la jambe de son patient sur un billot et
ordonne au chevalier de la trancher, d'un seul
coup. Mais au premier, la jambe résiste encore ;
au second, la moelle se répand un peu partout
et le malade meurt, là, tout de suite. Pas
déconfit pour un sou, le médecin se rabat sur
la femme, règle son cas : c'est un démon
qu'elle a dans la tête. Il lui fait raser les
cheveux. La femme ne s'en porte ni mieux ni
plus mal, mais se met, contre mes indications,
à manger, ainsi qu'on le fait chez les Francs,
de l'ail et de la moutarde. Son état empire.
L'autre déclare, péremptoire, que le démon
ne gîtait pas à la surface de la tête, mais plus
profondément qu'il ne l'avait cru d'abord. Il
vous prend un rasoir, fait, sur le crâne, une
incision en forme de croix, si terrible que l'os
apparaît. Puis il frotte le tout avec du sel... et

voilà, presque aussitôt, son second mort. Quant à moi, conclut Thâbit, j'ai demandé aux Francs s'ils avaient encore besoin de mes services ; comme on me disait non, je m'en suis retourné, mais j'avoue que ma science de la médecine s'est accrue de choses que j'ignorais et n'aurais même pu imaginer ! »

Autre épisode : Guillaume de Bures, seigneur de Tibériade, qui fut régent du royaume de Jérusalem pendant la captivité de Baudoin II, nous accompagna un jour, Mouîn al-Dîn Anour et moi, depuis Acre jusqu'à Tibériade. Il nous raconta, chemin faisant, qu'un chevalier de sa connaissance, très estimable et estimé, tomba malade à en mourir. On s'en alla chercher un prêtre, dans l'espoir qu'il guérirait le malade en lui imposant les mains. Mais lorsqu'il fut en présence du chevalier, il réclama de la cire, dont il fit, après l'avoir amollie, deux petits morceaux qu'il appliqua sur les narines du malade. Celui-ci ne tarda pas à rendre l'âme. Et comme les assistants invitaient le prêtre à constater le déplorable effet de ses pratiques : « Sans doute, répondit-il. Mais ce pauvre chevalier souffrait trop. En lui bouchant le nez, je lui ai donné le repos. »

Pour ce qui est de la religion, je dirai que les Francs m'ont toujours laissé quelque peu perplexe. Je les sais croyants, et croyants d'une religion révélée comme la nôtre, mais le musulman que je suis ne parviendra jamais à comprendre les excès où les mène l'idolâtrie de Jésus et de Marie. Il arrive que Dieu punisse ces outrances, aidé par la sottise même des Francs, comme une fois, près de Bâniyâs. L'armée était là, pour laquelle on avait dressé une vaste tente qui tenait lieu d'église. Le service en était confié à un vieux diacre, qui avait fait recouvrir le sol d'herbes sèches. Comme les puces y pullulaient, il lui vint l'idée de les tuer par le feu. Mais les flammes furent si fortes qu'elles mangèrent toute l'église improvisée.

La sottise des Francs, pourtant, se surpasse dès qu'il s'agit des choses mêmes de la foi. J'étais un jour, avec Mouîn al-Dîn Anour, à Jérusalem. Nous arrivions à la coupole du Rocher* lorsqu'un Franc vint lui dire : « Veux-tu voir Dieu enfant ? » Et de nous mener à une image qui représentait Marie avec le Christ — que Dieu bénisse ! — enfant, sur ses genoux. « Voilà Dieu enfant ! » s'extasia notre guide. Nous le savons, heureusement : la majesté du Très-Haut se moque de tout ce que peuvent dire les impies.

* *Coupole du Rocher*, improprement appelée mosquée d'Omar : lieu présumé du départ du Prophète Mouhammad pour son ascension céleste.

Mes amis les Templiers, je dois l'avouer, étaient d'un modèle tout différent. Ceux-là, du moins, savaient reconnaître les croyants, quels qu'ils fussent. Lors d'un autre voyage à Jérusalem, je me rendis à la Mosquée Éloignée** : sur un de ses côtés, il y avait un petit oratoire que les Francs avaient transformé en église. Chaque fois que j'allais à la mosquée, les Templiers me laissaient prier dans cet oratoire. Ce jour-là, donc, j'étais à peine installé, tourné vers la Mekke, lorsqu'un Franc se rua sur moi et tourna ma tête vers l'orient***, en hurlant : « C'est ainsi, et pas autrement, que tu dois prier ! » Un groupe de Templiers fut là aussitôt et chassa l'intrus. Mais l'autre, profitant d'un moment d'inattention de leur part, revint et me traita de la même façon. Les Templiers le mirent dehors. « C'est, me dirent-ils, un étranger arrivé ces jours-ci des pays francs, et il n'a jamais vu personne prier autrement que vers l'orient. — Quant à moi, répondis-je, j'ai assez prié pour aujourd'hui. » Et je sortis, tout ébahi encore de la violence

** *La Mosquée Éloignée* : nom donné par les musulmans à la grande mosquée de Jérusalem.
*** *Vers l'Orient* : Ousâma s'est tourné, pour prier, vers la Mekke, c'est-à-dire vers le sud-est, non vers le plein est.

de cet homme et de sa haine pour quelqu'un qui se tournait vers la Mekke.

Sottise, voilà décidément le grand mot que j'emploierai pour les Francs. J'étais à Tibériade, où se tenait l'une de leurs fêtes. Les chevaliers jouèrent de la lance, puis ce fut le tour de deux vieilles, très vieilles femmes, que l'on posta à un bout du champ de courses. A l'autre bout, on avait placé, sur un rocher, un porc entier, échaudé : la récompense. La course commença : chaque vieille était accompagnée d'un petit groupe de cavaliers qui la poussait en avant. Elles tombaient et se relevaient, parmi les éclats de rire, les encouragements et les huées. Enfin, l'une des deux réussit à distancer sa rivale et gagna le prix.

Pour les jugements rendus chez les Francs, j'évoquerai deux souvenirs. Le premier se situe à Naplouse. Des irréguliers musulmans avaient occupé un village de la région et l'on soupçonnait un paysan de leur avoir ouvert le chemin. Il s'était enfui, mais le roi de Jérusalem avait pris ses enfants comme otages. L'homme revint alors se présenter devant lui et demanda qu'on le lavât de l'accusation qui le flétrissait : il était prêt, pour démontrer son bon droit, à se mesurer avec n'importe qui. On fit donc venir un forgeron, désigné par le chef du village pour être le champion du clan accusateur. Je vis cet homme, jeune, vigoureux, mais avec si peu d'entrain qu'il ne pouvait longtemps marcher ni même se tenir debout sans réclamer quelque chose à boire. Son adversaire, lui, était âgé, mais résolu et fort en gueule : du moins est-ce ainsi, dans les cris et les invectives, qu'il entreprit le combat. Tous deux, en présence du vicomte Ulric et d'une grande foule, reçurent un gourdin et un bouclier. Le vieil homme pressa le forgeron jusqu'aux lisières du public, puis le laissa revenir au centre et le chargea de nouveau. La lutte s'éternisa et les adversaires ne furent plus bientôt que des colonnes de sang. Mais le plus vieux s'épuisait, et le forgeron utilisait de mieux en mieux son habitude à manier le marteau. Il finit par porter à l'autre un coup qui l'abattit et lui arracha le gourdin des mains. Il s'agenouilla sur lui et voulut, de ses doigts, lui crever les yeux, mais sans succès : trop de sang en coulait déjà. Alors, il se redressa et tua le vieil homme d'un formidable coup à la tête. On passa une corde au cou du mort, que l'on traîna vers la potence. Quant au forgeron, il fut emmené par le maître du village, qui le prit en croupe et lui fit don de son propre manteau. Où était la justice dans tout cela ? Où le criminel ? Et où l'innocent ?

C'est à Naplouse encore que se rattache l'autre souvenir. Mouîn al-Dîn Anour, que j'accompagnais, vit venir à lui un tout jeune homme, un musulman de belle allure et bien vêtu, mais aveugle. Il apportait, en cadeau, quelques fruits, en priant Anour de l'emmener avec lui à Damas et de le prendre à son service. Je me renseignai sur cet homme : lui et sa mère, meurtrière d'un Franc auquel on l'avait mariée, passaient leur temps à tuer des pèlerins francs qu'ils attiraient dans toutes sortes de pièges. On finit par soupçonner le jeune homme et on le soumit à la justice franque. Pour cela, on disposa, dans le sens de la hauteur, une grosse barrique que l'on emplit d'eau ; en haut flottait un tambour de bois dont la surface était exactement ajustée à celle de l'eau. L'accusé fut entravé, une corde passée autour de ses épaules, et on s'apprêta à le faire glisser dans la barrique. Pour les Francs, la chose était claire : le tambour de bois devant faire plus ou moins obstacle à l'immersion du corps, ou bien l'homme s'enfonçait en effet malgré cette résistance, et cela prouvait qu'il était innocent, auquel cas on le hissait avec la corde pour l'empêcher de se noyer ; ou bien le tambour résistait trop, le corps ne s'enfonçait pas, et l'on avait affaire à un coupable. Le malheureux jeune homme, mis dans cette situation, essaya, par tous les efforts, de se faire le plus lourd possible, pour s'enfoncer

dans cette eau maudite. En vain. Les Francs
— damnés soient-ils ! — lui appliquèrent la
sentence prévue : on l'aveugla en faisant passer entre ses paupières un poinçon rougi au
feu. Anour, sollicité par lui comme je l'ai dit,
l'emmena à Damas et voulut lui faire donner
une bonne formation de spécialiste du Coran
et de jurisconsulte. Mais le jeune homme lui
dit froidement qu'il aspirait à tout autre chose ;
il voulait des armes, une mule et un cheval,
pour aller, lui un aveugle, combattre ceux qui
l'avaient mis en cet état !

L'idée que les Francs se font de l'homme
n'est pas moins stupide que celle qu'ils ont
de la justice. Vous les voyez par exemple se
promener, mari et femme, et celle-ci s'écarter
un moment pour parler à un ami de rencontre, le mari attendant sagement et même,
pour peu que l'entretien se prolonge, continuant son chemin tout seul.

Autre aberration : celle d'un marchand de
vin qui se trouvait habiter, à Naplouse, juste
en face de la maison de Mu'izz, un musulman
chez qui je descendais. Ce marchand, pour
faire sa réclame, allait par les rues de la ville,
une bouteille en main, et offrait de la donner
en prime à tous ceux qui viendraient lui
acheter du vin à sa boutique. Un jour, en
rentrant chez lui, il trouva un inconnu au lit,
avec sa femme. « Qu'est-ce que cela veut

dire ? s'écria-t-il. — J'étais fatigué, répondit l'autre, et suis entré me reposer un peu. — Et pourquoi dans mon lit ? — Je l'ai trouvé tout fait. J'y ai dormi. — Mais ma femme avec toi ! — Le lit est à elle ! Pouvais-je l'en chasser ? » Tout ce que le marchand trouva à répondre fut ceci : « Fais bien attention que je ne t'y reprenne pas ! »

Autre exemple de cette étrange conception de l'honneur. Nous avions chez nous, à Chayzar, un maître de bains nommé Sâlim. Il était originaire d'Al-Ma'arra, une petite ville vers le nord, que les Francs avaient prise en 491 (1098), puis perdue, et reconquise de nouveau sept ans après. « J'avais ouvert un bain à Al-Ma'arra où je vivais, nous raconta Sâlim. Un beau jour arriva un Franc qui détestait, comme tous ses pareils, que l'on gardât, au bain, une serviette serrée autour de la taille. Il arracha donc la mienne. J'avais les poils du pubis fraîchement rasés, ainsi que le recommande notre coutume*. " Par Dieu, s'écria le Franc en passant la main sur ma peau, comme c'est bien ! Fais-m'en autant ! " Il s'étendit et je le rasai : son poil était, par là, fourni autant que celui d'une barbe. Quand j'eus fini, il se trouva

---

* *Les poils du pubis* : la stricte doctrine musulmane recommande en effet cet usage, ainsi que pour les aisselles.

la peau si douce qu'il me dit : " C'est vraiment trop beau, Sâlim ! Il faut que tu fasses la même chose à ma femme ! " Et de la convoquer sur l'heure, par les soins de son serviteur qui se trouvait là. Je rasai la dame ainsi que l'on m'en avait prié, tandis que le Franc, assis, me regardait faire. Il se déclara enchanté de mes services, qu'il paya sans discuter. » Voilà ce que nous raconta Sâlim, un jour, à Chayzar. Depuis, j'ai souvent médité cette contradiction flagrante : les Francs sont extraordinairement braves et n'ont pourtant ni jalousie ni amour-propre. Or, nous savons bien que le courage ne saurait procéder que du point d'honneur, du souci que nous avons de notre réputation, de la répulsion que nous inspire tout ce à quoi notre gloire peut se souiller. Alors ? Pourquoi tant de hardiesse à la guerre et tant de désinvolture ailleurs ?

Une fois, une seule peut-être, mais une fois au moins, je compris la façon dont on pouvait, chez les Francs, en user avec une femme, et j'éprouvai même une profonde estime pour celui dont je croisai, à cette occasion, le chemin. C'était au bain de Tyr. Mon serviteur vint me dire qu'il y avait, avec nous, une femme. De fait, en sortant, comme j'étais assis sur la banquette de pierre, près de la porte, je vis, debout à côté d'un Franc, quelqu'un de strictement vêtu, trop sans doute pour être

96

un homme. Je voulus en être sûr et priai mon serviteur d'aller voir ce qu'il en était. Il s'agissait, pour moi, de questions à poser, sans y toucher et discrètement, mais le voilà qui relève le bas de la robe de cette personne et regarde par-dessous, en prenant tout son temps. Je me lève, je le tance vertement, tandis que le Franc se tourne vers moi et, très calme, me dit : « Vous avez raison, c'est bien une femme. Plus précisément, c'est ma fille ; sa mère est morte et elle n'a plus personne pour lui laver les cheveux. Je l'ai donc prise au bain avec moi, et je lui ai lavé les cheveux comme le faisait sa mère. » Et moi, je ne pus que répondre : « Tu as fort bien agi, et Dieu t'en récompensera. »

Ce Franc-là appartenait sans doute à la catégorie des anciens, je veux dire ceux qui sont là depuis un bon bout de temps déjà et qui, acclimatés à nos pays et à nos mœurs, ont pris l'habitude de fréquenter les musulmans. Ils ne ressemblent pas, et de loin, aux nouveaux venus, beaucoup plus inhumains et brutaux, comme je l'ai montré à propos de ma prière, dans la mosquée de Jérusalem. Je citerai, comme une attitude remarquable, celle d'un Franc d'Antioche. J'avais envoyé là, pour quelque affaire, l'un de mes compagnons qui descendit, sur mon conseil, chez Theodoros Sophianos. Celui-ci, qui avait pleine autorité dans la ville, était lié avec moi d'une réelle amitié. Il pria mon compagnon de se rendre avec lui à l'invitation d'une de ses connaissances, un chevalier franc de la vieille génération, l'un de ceux qui avaient participé aux premières batailles. Il était maintenant rayé des rôles et retiré à Antioche, dans une propriété dont il vivait. « Il nous présenta, me dit mon compagnon, une table superbe, avec des mets aussi fins, nets et propres qu'on pouvait le rêver. J'hésitais un peu malgré tout, mais notre hôte me rassura : il ne mangeait plus de nourriture franque, depuis longtemps. Il avait des cuisinières égyptiennes, sur lesquelles il se reposait tout à fait, et la viande de porc n'entrait jamais sous son toit. »

Ces Francs qui m'ont accompagné, de près ou de loin, au long de ma longue vie, de quel œil dois-je les regarder, aujourd'hui que la mort approche ? Dieu nous les a envoyés, c'est sûr, pour nous mettre à l'épreuve, pour nous rappeler nos péchés, et d'abord le pire : nos dissensions. C'est en profitant d'elles que les Francs ont réussi à venir chez nous. Et à y rester. Je me suis souvent demandé, dans les débuts, s'ils allaient vraiment ressembler un peu à nous, avec le temps. J'ai pu croire, à travers certains d'entre eux, au miracle : sinon qu'ils embrassent notre foi, du moins que, restés chrétiens, ils apprennent, en masse, notre langue et partagent, comme les chrétiens de chez nous, une même vie avec leurs frères musulmans. Mais les Francs, dans leur ensemble, n'ont voulu ni l'un ni l'autre. Dès lors, tous ceux qui, à mon exemple, ont pu penser un moment que tant de différences, parfois choquantes, allaient s'atténuer avec les ans, ont pris peu à peu conscience que le Franc, demeuré immuable, devait partir ou, du moins, être réduit à merci sur place. Je n'en étais pas encore convaincu, peut-être, à cette époque de ma vie où je me partageais entre Damas et Jérusalem : j'avais affaire alors, avec les Templiers, à des gens plus éclairés que d'autres, et je m'interrogeais trop sur Zengi. Celui-ci, sans oser prétendre à une victoire totale, savait au moins que, pour empêcher à l'avenir tout progrès des Francs, il fallait arriver à l'union, une union qu'il entendait, bien sûr, réaliser à son profit et pour sa propre gloire. Malheureusement, vus de Damas, les moyens de cette politique, brutale et peu persuasive, ne m'apparaissaient plus les mieux appropriés à ce vaste dessein. Ce n'est qu'après Zengi, comme je le dirai, que les choses devinrent plus précises et que je sus clairement, avec beaucoup d'autres, que la lutte serait encore longue peut-être, mais que l'ère des victoires franques était définitivement close.

En dehors de mes ambassades en Palestine, ces années-là furent aussi consacrées à la chasse. J'y accompagnais souvent le seigneur de Damas, Chihâb al-Dîn Mouhammad. Sans parler des oiseaux et de toutes sortes de gibiers, nous traquions les gazelles, les onagres et les chevreuils, ces derniers dans les bois, du côté de Bâniyâs : je me souviens qu'un jour, nous avions établi notre campement dans une herbe grasse et haute, et qu'un chevreuil y fut pris au beau milieu. Au retour, quelqu'un vint prévenir Chihâb al-Dîn qu'un écureuil avait été vu dans un arbre. Il alla le tirer, à trois reprises, le manqua et reprit sa route, furieux et dépité. Alors, un Turc de l'escorte vint à l'arbre et, d'une seule flèche, eut raison de l'écureuil, qui resta accroché à sa branche par les pattes de derrière, la flèche toujours fichée par le travers du corps. On dut secouer l'arbre pour l'en faire tomber.

Une autre fois, avec Mouîn al-Dîn Anour, je me trouvais à Acre, auprès du roi de Jérusalem. Nous y fîmes la connaissance d'un Génois arrivé depuis peu des pays francs. Il possédait un autour de grande taille, qui avait mué et chassait la grue, et une petite chienne qui courait au-dessous de l'oiseau pendant qu'il pourchassait sa proie : lorsque l'autour rapportait la grue, la chienne la saisissait dans sa gueule et la tenait ferme. Au pays du Génois, comme celui-ci nous l'apprit, on estime que, lorsque la queue de l'autour compte treize plumes, il est apte à chasser la grue : ce qui était bien le cas, ainsi que nous pûmes le vérifier pour cet autour-là. Anour, par l'intermédiaire du roi, demanda et reçut les deux bêtes. Sur le chemin qui nous ramenait à Damas, je vis l'autour bondir sur les gazelles comme s'il se fût agi d'une viande toute préparée pour lui. Et puis, mystère, arrivé à Damas, il ne chassa plus rien et mourut.

J'eus aussi l'occasion, en ce temps-là, de poursuivre un gibier d'une autre espèce : de potence, pour le coup. Un jour, Mouîn al-Dîn Anour fut informé que des brigands venaient de faire main basse sur toute une caravane qui transportait de la toile de coton. La chose s'était passée au nord-ouest de Damas, dans la montée de Doummar, qui domine la gorge où coule le Baradâ. « Allons-y ! En selle ! » me cria Anour. Je lui représentai qu'il valait mieux se faire accompagner d'une bonne troupe, équipée, mais lui, dans sa hâte, se contenta d'une vingtaine de cavaliers. Nous voilà donc, vers la fin de la matinée, à envoyer deux cavaliers ici, deux là, deux autres ailleurs, sans trouver trace des bandits. Un peu plus tard, alors que nous n'avions pas encore achevé la prière de l'après-midi, un homme qui faisait le guet arriva au galop : « Les brigands ! Ils sont à pied et portent les ballots de toiles sur leur tête ! Là, dans la vallée ! »

Anour nous fit monter aussitôt à cheval. Une fois de plus, je prêchai le calme : il fallait passer nos casaquins et, ainsi parés, jeter nos chevaux sur les bandits, profiter de l'effet de surprise pour les empêcher de se demander si nous étions en force ou une poignée à peine. Mais Anour décida que l'on aurait toujours le temps de s'équiper quand on les aurait rejoints. Nous rencontrâmes les brigands dans le ravin de Halboun, large à peine, par endroits, de cinq coudées et ne laissant guère passer, entre deux parois escarpées, qu'un seul cavalier à la fois. Les bandits étaient au nombre de soixante-dix environ, armés d'arcs et de flèches. Quand nous fûmes sur eux, nos serviteurs se trouvaient, avec tout notre équipement, en arrière et incapables de nous rejoindre. Les brigands formaient deux groupes, dans la vallée et sur le bas de la montagne, mais je commis l'erreur de prendre les premiers pour des paysans venus nous aider. Je tirai donc l'épée et chargeai les autres. Par malheur, la pente était si rude que mon cheval fut bientôt à bout de souffle, me laissant comme une cible parfaitement immobile ou presque. L'un des bandits, posément, assura l'encoche d'une flèche sur la corde de son arc et me visa : je criai si fort, en le menaçant, qu'il retint son bras et que je pus m'échapper, par je ne sais quel miracle.

Anour gravit la montagne jusqu'au sommet, à la recherche, ici et là, de paysans qui auraient pu nous prêter main forte. Il me cria de là-haut : « Je reviens ! Ne les lâche pas ! » Puis il disparut. Je me retournai alors contre ceux de la vallée, m'étant enfin rendu compte de mon erreur. Je les chargeai, seul, tant l'endroit était resserré, et ils détalèrent en se débarrassant de tout ce qu'ils portaient. Je pus aussi leur arracher deux mules, avec d'autres ballots de coton. Les brigands se réfugièrent dans une grotte, sur la pente, mais elle était réellement inaccessible et nous ne pouvions grimper jusque-là. Anour, quant à lui, ne revint qu'à la fin du jour, sans avoir trouvé aucune aide. S'il avait, depuis le début, suivi mes conseils, nous aurions, avec l'appui d'une vraie et forte troupe, coupé le cou à tous ces bandits.

J'aurais pu continuer, à Damas, de couler une vie heureuse. C'était compter sans la jalousie toujours à l'œuvre. Mouîn al-Dîn Anour, prince et vizir, était le maître véritable de la ville et j'aurais dû, moi son ami, bénéficier tranquillement, continûment, de sa protection. Mais l'ombre des puissants, même immense, est encore trop exiguë pour les

appétits qu'elle suscite : chacun veut y avoir
sa place, ou plutôt ne l'avoir que pour lui.
Aux yeux de nombre de seigneurs et riches
Damascènes, j'étais resté l'intrus venu du
nord, l'étranger, et l'on supportait mal de me
voir participer, du seul fait de mes relations
avec Anour, aux affaires de l'État. Et puis
revenait contre moi une vieille rancune. Zengi,
qui m'avait déjà tellement nui, avait, passé
une période d'accalmie, repris ses attaques
contre moi et me desservait, par des gens à
lui, jusque dans l'entourage d'Anour. Il ne
pouvait évidemment me pardonner le rôle
que je jouais à Jérusalem, l'alliance que je
m'employais à resserrer entre cette ville et
les Bourides de Damas, contre ses propres
ambitions. A Damas même, j'étais ainsi en
butte aux manœuvres de deux clans : ceux
qui, hostiles au puissant atabeg et à son rêve
d'hégémonie sur la Syrie tout entière, ne me
pardonnaient pas les années que j'avais passées près de lui ; de l'autre côté, ceux qui, par
crainte de Zengi ou par ralliement secret à sa
politique, entendaient le ménager et ne pas
s'en faire, à travers moi, un ennemi.

Anour, quant à lui, résista longtemps à cette
double pression. Mais un jour vint où il fut
forcé de me dire : « J'en prends Dieu à témoin,
si j'avais avec moi la moitié de ces gens, je
fermerais la bouche à l'autre moitié ; si j'en

avais le tiers, j'abattrais les deux autres, et jamais je ne me séparerais de toi. Seulement, voilà : ils sont tous contre toi, contre moi, et je ne peux rien faire. Sache-le, en tout cas : où que tu sois, mon amitié, toujours fidèle, te suivra. » C'était me signifier mon départ. J'espérais du moins que celui-ci se passerait sans trop de dommage, mais la haine était tenace et plus forte que la volonté d'Anour : je perdis dans l'aventure tous mes biens, mes armes et le domaine que m'avait affecté le seigneur de Damas. Ma famille et moi étions emportés dans le même désastre.

Vers où tourner nos pas ? Il y avait l'Égypte. Un de mes oncles, Abou l-Moutawwaj Mouqallad, qui m'avait précédé là-bas et y servait le calife du Caire, s'entremit pour moi. Nous partîmes donc. En chemin, à Ascalon, un de mes frères, Abou l-Hasan Alî, décida de ne pas aller plus loin. Ainsi réduite, notre petite troupe arriva aux portes du Caire. C'était le deuxième jour du second mois de joumâdâ, en l'année 539 (30 novembre 1144). Après six ans de séjour à Damas et d'ambassades en Palestine, aux portes de la cinquantaine, j'entamais une nouvelle étape de ma vie.

V

Je pouvais me dire, en arrivant au Caire,
que je ne perdais pas tout à fait la Syrie de
vue. Les califes qui s'étaient installés en Égypte,
un siècle environ avant ma naissance, entendaient bien faire prévaloir leur rôle de guides
de la communauté musulmane tout entière.
Ces chiites, descendants de notre Prophète
par sa fille Fâtima — Dieu les bénisse tous
deux ! — étaient intervenus loin du Nil, par
la prédication, l'argent et les armes : la Syrie
s'était retrouvée, un temps, l'enjeu de leurs
ambitions, face aux Roum et aux principautés
locales, celles-ci indépendantes ou continuant
de prêter une allégeance plus ou moins sin-
cère, plus ou moins réelle, aux califes rivaux,
les Abbasides sunnites de Bagdad. Je pensais
donc, en foulant le sol de l'Égypte, que mon
expérience des choses syriennes n'y serait
peut-être pas mal employée. Le seul obstacle
qui pût me nuire était que j'appartenais à

l'Islam sunnite. Mais on me savait, en ce domaine comme en d'autres, homme sage, ennemi des extrêmes de tous bords, et qui mettait plus haut que tout la justice, le bonheur et la paix de la communauté des musulmans, à quelque école qu'ils appartinssent. De leur côté, les Fâtimides s'étaient presque toujours montrés des politiques avisés, assez en tout cas pour ne pas se priver des ressources d'un pays comme l'Égypte, foncièrement sunnite et riche, aussi, des talents de ses populations non musulmanes : copte, arménienne, juive...

Il faut croire que mon oncle, Abou l-Moutawwaj Mouqallad, avait bien fait les choses afin de préparer mon arrivée, ou que l'on me connaissait pour l'un de ceux qui, sans tenir les premiers rôles ni le devant de la scène, participaient activement aux affaires d'État, politique, diplomatie ou guerre. Toujours est-il que je fus reçu princièrement par Al-Hâfiz, onzième calife de la dynastie. En sa présence même, je fus revêtu d'un manteau d'honneur, couvert d'éloges et invité à me tenir pour un familier de la cour. Ayant accès aux bains particuliers du souverain, nanti d'une première gratification de cent dinars et d'une abondante garde-robe, je fus installé dans une splendide résidence qui avait compté parmi celles du vizir Al-Afdal, le fils du célèbre Badr al-Jamalî, vizir lui aussi et émir des armées. Je reçus cette résidence entièrement meublée, avec nattes, tapis, vaisselle de cuivre et grande estrade d'apparat pour les réceptions. Quant aux revenus nécessaires à l'entretien de ma maison, je n'avais nul souci à me faire : ils me venaient d'un riche domaine, à Koum Achfîn, vers le nord du Caire ; ce ne fut pas, on s'en doute, le moins apprécié des cadeaux.

La situation au Caire était parfois d'une confusion extrême : des clans s'y disputaient âprement le pouvoir, on ne comptait plus les morts, et puis tout cela retombait, jusqu'à la flambée suivante. J'étais assez au fait de ces soubresauts pour en avoir connu l'un des acteurs principaux, lorsque j'étais en Syrie. Au mois de chawwâl 539 (juin 1139), une révolte de l'armée avait mis fin à la carrière du vizir de l'époque, Ridwân. Celui-ci, traqué, réussit à s'enfuir, mais non à empêcher le pillage de son palais et de ses appartements. Marchant tant qu'il put, il atteignit Çalkhad, à trois ou quatre jours de Damas, vers le sud-est. Le gouverneur de la ville, Amîn al-Dawla, le reçut avec faveur, mais Zengi, qui se trouvait alors dans la région de Balbec, apprit la chose et voulut aussitôt s'attacher les services de Ridwân, parfait honnête homme, noble cœur, écrivain et savant de grande qualité. Il entra donc en correspondance avec lui. Ce que voyant, Mouîn al-Dîn Anour, soucieux de priver Zengi, notre ennemi, d'un pareil avantage, me dépêcha à Çalkhad pour convaincre Ridwân de venir plutôt à Damas.

« L'affaire, me dit celui-ci, est allée trop loin pour moi : je ne peux revenir sur la promesse que j'ai faite à Zengi de le rejoindre. — Tu sais, répondis-je, ce que tu dois faire. Mais permets-moi de te livrer d'abord le fond de ma pensée : si tu vas trouver l'atabeg et le prier de t'aider à reconquérir ta situation en Égypte, crois-tu qu'il disposera d'assez de soldats pour t'en donner la moitié et garder l'autre afin d'assiéger Damas ? — Non. — Dans ce cas, il devra attendre d'avoir pris la ville... s'il la prend. Mais son armée, de toute façon fatiguée après cette campagne, ne pourra pas se rendre en Égypte sans refaire ses forces et ses équipements. Je ne vois que trop bien ce qui se passera : l'atabeg te dira qu'il lui faut gagner Alep pour remettre ses troupes sur pied. Il te demandera donc de l'y rejoindre. D'Alep, il t'emmènera jusqu'à l'Euphrate et au-delà, il fera le fanfaron et criera partout, à tous les princes qu'il rencontrera : " Voyez un peu qui j'ai mis dans mon jeu : ni plus ni moins que le grand homme de l'Égypte ! " Que deviendras-tu alors ? Tu rêveras de revoir une pierre, une seule de toutes les pierres de

Syrie, pour laquelle tu serais prêt à donner tout le reste ; mais il sera trop tard. Crois-moi, c'est la sagesse : viens à Damas. »

Je retournai plusieurs fois à la charge et, finalement, Ridwân capitula. Nous décidâmes des mesures pour son installation : ses compagnons recevraient une solde et lui-même, outre un palais, trente mille dinars, moitié en espèces et moitié provenant des revenus d'un domaine qui lui serait attribué. L'accord était rédigé, en bonne et due forme, les pigeons préparés pour me faire savoir, le moment venu, à Damas, que Ridwân avait réglé ses affaires à Çalkhad et pris la route pour gagner sa nouvelle résidence. Mais c'était compter sans Amîn al-Dawla : Ridwân lui avait promis monts et merveilles s'il lui donnait les moyens de rentrer au Caire et de s'y refaire une position. Alléché, il réussit à défaire tout ce que j'avais bâti : il mit sur pied une petite troupe qui se joignit aux hommes de Ridwân et vous lança tout ce monde sur la route de l'Égypte. A peine eurent-ils franchi les frontières que les Turcs de l'escorte désertèrent en emportant les bagages. Ridwân, alors, écrivit à Al-Hâfiz, le calife, qui lui promit la vie sauve et n'eut rien de plus pressé que de l'emprisonner lorsqu'il fut là.

A mon arrivée au Caire, Ridwân se trouvait ainsi, depuis cinq ans ou presque, enfermé dans une maison contiguë au palais. Mais voyez sa fermeté d'âme, sa constance, et comme il aurait mieux fait de les pratiquer à Çalkhad, en résistant aux conseils d'Amîn al-Dawla : dans la nuit du vingt-deuxième jour de dhou l-qa'da 542 (12 avril 1148), soit au bout de neuf ans de détention, il s'échappait par une galerie qu'il avait creusée, à l'aide d'un seul clou, sur une longueur de quatorze coudées. Le matin, après avoir rallié ses anciens fidèles, il défit les troupes qu'on lui opposait et s'installa, dans le nord de la ville, à la mosquée Blanche, où les chefs de l'armée et autres dignitaires vinrent lui prêter obéissance. Mais tout ce beau monde s'enfuit à la première apparition des troupes noires envoyées par le calife et dûment enivrées. Resté seul, Ridwân tomba sous les coups d'un jeune soldat de la garde, puis des Noirs. La populace dépeça son cadavre et s'en partagea la chair : elle ne la mangeait, disaient tous ces gens, que pour devenir brave.

Ces troubles furent l'événement essentiel qui marqua mes premières années égyptiennes. Pour moi, j'occupais mon temps à suivre, d'abord, ce qui se passait en Syrie. Au mois de çafar 543 (juillet 1148), une armée considérable de Francs, sous le commandement de l'empereur des Allemands, du roi

112

Louis et du maître de Jérusalem*, vint assiéger
Damas. L'entreprise tourna court devant la
colère divine et l'héroïsme des défenseurs,
dont on me rapporta un exemple. Il y avait là
deux musulmans, parmi les meilleurs de tous,
un juriste, Al-Findalâwî, et le savant Al-Hal-
houlî, connu de tous pour son expérience des
choses de la foi et sa stricte piété. Ils sortirent,
avec d'autres, combattre, eux qui n'avaient
jamais quitté leurs livres. Quand ils furent au
contact des Francs : « Dis-moi, c'est bien
l'ennemi ? dit l'un des deux. — Je pense que
oui, répondit l'autre. — Et nous allons rester
là longtemps, sans bouger ? Viens ! » Ils
s'avancèrent et luttèrent jusqu'à la mort, qui
les trouva à la même place l'un et l'autre.
Dieu ait pitié de ces hommes et de tous leurs
frères qui se battent pour Lui !

Ces nouvelles, et les autres, faisaient l'objet
principal de la correspondance régulière que
j'entretenais, depuis mon départ de Syrie,
avec Mouîn al-Dîn Anour. Par lui, j'appris les
nouveaux et derniers succès de Zengi. Le
comté d'Édesse enlevé à Jocelin, deuxième
du nom, et les contre-offensives ennemies

* L'empereur des Allemands... Jérusalem : il s'agit,
dans l'ordre, de Conrad III, Louis VII de France et
Baudouin III, alors âgé de dix-sept ans, chefs de la
seconde Croisade qui échouera devant Damas.

repoussées, les jours de cet État franc sem-
blaient désormais comptés. Zengi mort, son
fils et héritier Nour al-Dîn allait, d'emblée, se
révéler comme l'un des plus grands hommes
de son temps. Il mena d'abord de vigoureuses
attaques contre la principauté d'Antioche où
régnait, depuis 530 (1136), Raymond de Poi-
tiers. Le 20 çafar 544 (29 juin 1149), celui-ci
était battu et tué. Le rêve de Zengi, repris par
son fils, se faisait de jour en jour plus vrai,
plus précis. Et tout en menant avec entrain la
lutte contre les Francs, Nour al-Dîn, pas plus
que son père, ne renonçait à la possession de
la Syrie tout entière. Il grignotait les terri-
toires et tissait les fils de sa toile autour de la
ville symbole : Damas. Mais il procédait plus
en politique qu'en militaire et, loin de viser
la ville de front, la contournait ou l'investissait
peu à peu en s'y faisant des amis, presque des
parents depuis qu'il avait épousé l'une des
filles de Mouîn al-Dîn Anour.

J'occupais de nombreuses journées à la
chasse, qui m'offrit, en Égypte, de non moins
nombreuses découvertes. Le calife Al-Hâfiz
possédait de nombreux rapaces, autours et
faucons, sacres ou pèlerins. Un grand veneur
emmenait, deux jours par semaine, la troupe
qui allait à pied, les oiseaux au poing. Quant
à moi, je suivais sur mon cheval, pour regarder le spectacle, sans plus. Le grand veneur,

au fil des semaines, s'étonna d'autant plus de cette assiduité qu'elle était silencieuse et passive. Je lui en parus presque suspect. « Seigneur, dit-il un jour au calife, sais-tu bien que cet homme nous suit toujours et partout ? — Bah ! lui répondit Al-Hâfiz, qui riait sous cape, quel mal y a-t-il à se divertir d'un spectacle, même si l'on n'y connaît rien ? » Un beau jour, comme des grues s'étaient montrées, le grand veneur dit à l'un de ses hommes : « Lâche sur elles l'autour aux yeux rouges ! » L'oiseau en rejoignit une en plein vol et la rapporta à terre, assez loin de la troupe. Je dis alors bien haut à l'un de mes serviteurs : « Va ! Précède-nous, mais en attendant, enfonce le bec de la grue dans le sol et tiens ferme l'autour, en posant tes pieds sur ses pattes ! » Au soir, le grand veneur dit au calife : « Seigneur, j'ai entendu cet homme donner des consignes qui étaient d'un vrai chasseur. » Al-Hâfiz, pour le coup, éclata de rire : « Et qui croyais-tu donc qu'il était, hein ? A quoi Ousâma a-t-il passé et passerait-il son temps, je te le demande, sinon à faire la guerre et à chasser ? »

En Égypte, les faucons sacrés sont employés notamment pour le héron en vol. Quand celui-ci aperçoit le faucon, il monte de plus en plus haut dans le ciel, en tournant, tandis que le faucon agit de même, à quelque distance de là, mais en accroissant peu à peu son avantage en altitude. Lorsqu'il l'estime suffisant, il plonge sur le héron et le saisit. J'aurais mille choses à dire sur les oiseaux et autres animaux de l'Égypte, sur l'hippopotame ou le crocodile par exemple, mais le temps me manque toujours davantage, la mort se hâte, et c'est d'autre chose que je dois parler : de la destinée des hommes, moi compris ; de la destinée qui donne au livre de la création ses meilleures pages, je veux dire celles où se lisent le mieux la toute-puissance et la toute-présence de Dieu.

Au Caire, les troupes noires étaient agitées de conflits perpétuels. Les Rayhânites, esclaves qui relevaient directement du calife Al-Hâfiz, s'opposaient à une coalition qui regroupait les Farahites, les Alexandrins et les Jouyouchites, ces derniers appuyés par certains éléments de la garde particulière du souverain. Malgré les efforts d'Al-Hâfiz pour ramener la concorde, la bataille eut lieu. Les Rayhânites massacrés, on attendait qu'Al-Hâfiz se vengeât et poursuivît les coupables. Mais, malade, épuisé, il mourut deux jours après ce carnage et sa succesion laissa tout le monde indifférent : comme on le dit, il n'y eut même pas deux chèvres pour régler la question à coups de corne. Le trône échut au plus jeune des fils du calife défunt, Az-Zâfir, qui prit pour vizir Ibn Maçâl, un très vieil homme.

Il y avait, en cette année 544 (1149), un très puissant personnage, Ibn al-Sallâr, le gouverneur d'Alexandrie. Il prit très mal la nomination d'Ibn Maçâl, rassembla une armée et marcha sur Le Caire. Les généraux, dignitaires et familiers du calife furent convoqués à l'audience du vizir, où le préfet du palais vint nous demander, au nom du calife, de rester fidèles à Ibn Maçâl et de lui obéir. Ce que tous promirent. Mais sitôt le préfet parti avec notre réponse, l'un des plus anciens qui se trouvaient là nous apostropha en ces termes : « Princes, allons-nous laisser tuer Ibn al-Sallâr, que nous estimons tous ? — Par Dieu, non ! répondîmes-nous en chœur. — Eh bien ! A l'ouvrage ! » Et tout le monde s'en alla seller ses chevaux et regrouper ses hommes pour appuyer Ibn al-Sallâr. Az-Zâfir, alors, se sentant impuissant à résister avec les seules forces qui lui restaient, dit à Ibn Maçâl : « Va dans le Hawf*, recrute des hommes, dépense sans compter, fais ce qu'il faut, mais barre la route à Ibn al-Sallâr ! » Le vizir parti, Ibn al-Sallâr fit son entrée au Caire, occupa le palais

* *Le Hawf* : la basse Égypte, à l'est du Nil, ou parfois le Delta tout entier.

d'Ibn Maçâl et reçut le serment d'obéissance des troupes, qu'il traita généreusement. Moi non plus, je n'eus pas à me plaindre : Ibn al-Sallâr m'invita à occuper, avec mes compagnons, toute une partie de sa propre demeure.

Dans le Hawf, cependant, Ibn Maçâl rassemblait une forte armée composée de Berbères Lawâta, de soldats du Caire qui lui demeuraient attachés, de Noirs et de Bédouins. Le beau-fils d'Ibn al-Sallâr, Abbâs, avait, lui, quitté Le Caire pour installer son campement dans les faubourgs. Un matin, il fut attaqué par les Lawâta. Trahi par certains de ses soldats égyptiens qui prirent la fuite, il résista vaillamment, avec sa garde et une poignée d'hommes, jusqu'au soir de ce même jour. Dans la nuit, Ibn al-Sallâr me convoqua : « Ces soldats du Caire, ces chiens, me dit-il, ont distrait l'attention d'Abbâs en l'amusant à des futilités, si bien que les Lawâta ont pu tranquillement passer le Nil à la nage sans que personne s'en aperçût ! Mais le danger venu, ils ont décampé et regagné tranquillement leur maison au Caire ! — Maître, répondis-je, à l'aube, nous jetterons nos chevaux sur l'ennemi, et avant que le soleil soit très haut dans le ciel, ce sera une affaire faite. — Bien parlé », conclut Ibn al-Sallâr. Tout se déroula comme je l'avais dit : seuls échappèrent à nos coups ceux qui purent repasser le Nil sur le dos de leur cheval. L'armée de nouveau réunie autour d'Abbâs, il la fit marcher contre Ibn Maçâl : il le tua ainsi que dix-sept mille hommes, Noirs et autres. La tête d'Ibn Maçâl fut rapportée au Caire : Ibn al-Sallâr était maître de la ville.

Az-Zâfir le fit revêtir d'un manteau d'honneur et lui confia les affaires de l'État, avec le titre de Roi Juste. Mais la rancune du calife ne s'éteignit jamais : j'en dirai plus loin les conséquences. Pour ces jours-là toutefois, elle échoua. Voici comment. Décidé à faire assassiner Ibn al-Sallâr chez lui, il appointa à cet effet un petit groupe de soldats, notamment de sa garde. Les affidés attendirent, dans une maison proche de celle d'Ibn al-Sallâr, que la soirée eût pris fin et les hôtes congé. J'étais avec lui ce soir-là et pus suivre les événements. L'un des conjurés vendit la mèche. Ibn al-Sallâr ordonna alors à sa garde particulière d'aller attaquer la maison d'à côté. Mais celle-ci avait deux portes, dont l'assaut fut mal coordonné, en sorte qu'une partie des conjurés put se dérober. J'en vis arriver, cette même nuit du 26 ramadan 544 (27 janvier 1150), une dizaine, qui étaient des amis de mes gens et venaient se cacher dans mes appartements. Le matin trouva la ville en effervescence : on traquait les fuyards, et tous ceux que l'on prit furent exécutés.

Je réussis au moins à en sauver un, un Noir qui tentait d'échapper à une meute de poursuivants, sabre en main. Il sauta, depuis la terrasse, sur le grand jujubier de la cour, d'où il descendit pour courir se blottir dans l'un des salons, derrière un tas de bagages qui se trouvait là. Malheureusement, en passant dans le couloir, il avait fait tomber, dans un bruit épouvantable, un grand chandelier de cuivre. Comme ses poursuivants, depuis la terrasse, essayaient de deviner ce qui se passait, je leur ordonnai de laisser ma maison tranquille et les fis chasser par mes gardes. Quand je pus aller rejoindre le Noir, il voulut m'offrir, en signe de reconnaissance, le vêtement qu'il avait sur lui. « Dieu te fasse une vie plus heureuse ! lui dis-je. Garde cet habit : je n'en ai nul besoin. » Je le fis sortir, accompagné de quelques-uns de mes gens, et il fut sauvé.

Quatre mois s'étaient écoulés depuis ces événements lorsqu'Ibn al-Sallâr me confia un projet qui lui tenait à cœur. Il fallait, pensait-il, réaliser entre la Syrie et l'Égypte une solide entente contre les Francs. Ai-je besoin de dire qu'à moi aussi l'époque paraissait n'avoir que trop tardé de l'oubli de nos vieilles querelles, tous autant que nous étions, et de l'union contre l'ennemi commun ? Le plan d'Ibn al-Sallâr, pour une première étape, était simple : empêcher les Francs de fortifier Gaza, d'en faire une base d'opérations contre Ascalon, qui appartenait au calife du Caire et résistait toujours. Nous devions donc aller ravager Gaza pendant que Nour al-Dîn attaquerait Tibériade et nous soulagerait en attirant sur lui une partie des troupes adverses.

J'applaudis sans réserve au plan d'Ibn al-Sallâr et reçus comme une grâce particulière d'être choisi comme ambassadeur auprès de Nour al-Dîn, dont la puissance ne cessait de s'affirmer en Syrie et qui tournait, en ce moment même, autour de Damas, son but ultime. J'avais quelques doutes, pourtant, car un aussi grand prince ne me paraissait pas, dès l'abord, facile à manœuvrer : il pouvait répugner à partager l'honneur d'une victoire contre les Francs, prétexter, sincèrement ou non, des luttes qu'il soutenait déjà de son côté, des soucis et des efforts que lui coûtait l'affaire de Damas. Je fis part de ces questions à Ibn al-Sallâr, qui me dit : « Voyons s'il consent à s'installer devant Tibériade. Si oui, donne-lui tout l'argent qu'il faudra : tu en auras assez. Sinon, enrôle autant de soldats que tu le pourras, va jusqu'à Ascalon et restes-y pour combattre les Francs qui rôdent par là. D'Ascalon, tu m'écriras et j'aviserai de la suite. » On me remit six mille dinars égyptiens, toute une charge de chameaux pour les cadeaux : soieries, brocarts, fourrures et tur-

121

bans. Mon voyage avait été préparé avec un soin extrême, et tout était prévu : je disposais même d'un groupe de Bédouins pour me guider.

Je devais en effet suivre un itinéraire détourné, sur les lisières nord de l'Arabie. Les Francs tenaient ou surveillaient, à l'orient et au sud de la mer Morte, le pays qui va des parages d'Akaba à Kerak en passant par Petra, et nous étions forcés de nous rejeter plus à l'est encore. Arrivée à Al-Jafr, qui est un lieu-dit assez loin d'Akaba, avec de l'eau, de l'herbe et des arbres, notre petite troupe, à laquelle s'étaient joints quelques marchands, vit arriver à elle un homme vêtu de noir. Ne sachant trop à qui nous avions affaire, nous nous saisîmes de lui. Mes compagnons, partis en éclaireurs, en ramenèrent un autre, avec deux femmes et des enfants. L'une d'elles vint à moi et, s'accrochant à mon vêtement, implora ma protection. « La paix soit sur toi ! lui dis-je. Que t'arrive-t-il ? — Tes gens, répondit-elle, nous ont pris un habit, un âne, un chien et un petit bijou. » Je fis restituer le vêtement et le bijou qui n'était autre qu'un morceau de sandaraque, cette résine qui perle à certains arbrisseaux. « Quant à l'âne, expliquèrent mes serviteurs, on lui a entravé les pattes et on l'a lâché dans l'herbe. Le chien, lui, a pris le large, il doit courir quelque part. »

J'examinai ces gens : leur état faisait peine à voir. C'étaient des Banou Oubayy, de la grande tribu des Tayy. J'avais déjà entendu parler de ce clan : ils ne consomment que des bêtes mortes, contrevenant par là aux principes de notre religion qui veut que toute bête bonne à manger soit d'abord égorgée rituellement. Mais, en vrais Bédouins, ils exaltent l'honneur à proportion de leur misère même. Ils se disent les meilleurs des Arabes, les plus sains, ignorant ce que peuvent être la lèpre, la cécité et autres disgrâces physiques. S'ils reçoivent un hôte, ils tueront, pour lui faire fête, un de leurs animaux et se garderont bien de lui offrir leur propre nourriture. Et quelle nourriture ! Comme je leur demandais ce qu'ils faisaient par là, ils me dirent qu'ils avaient, à l'est des montagnes qui bordent la mer au-delà d'Akaba, plusieurs tas de millet enfouis, et qu'ils étaient en route pour aller les y prendre. Ils se trouvaient dans la région depuis deux mois et plus, sans rien à manger que des os desséchés, comme ceux que peuvent laisser, dans le désert implacable, les bêtes ou les hommes égarés. Ils pilaient ces os, les mettaient à tremper dans un peu d'eau et les avalaient accompagnés de feuilles d'arroche, qui est un arbuste de ces contrées. Le chien se nourrissait avec eux, l'âne paissait l'herbe, quand il y en avait. Je m'étonnai que leur dénuement ne les eût pas incités à pousser jusqu'à Damas. « Grand Dieu ! s'écrièrent-ils d'une même voix. Nous y aurions trop peur d'y attraper la peste ! » Voilà comme ils étaient ! Je leur donnai de nos provisions et partageai, pour les deux femmes, une étoffe rayée dont je me couvrais la tête. Ils en étaient fous de joie. Nous les quittâmes en leur conseillant de ne pas traîner par là s'ils voulaient échapper aux Francs.

Notre voyage se poursuivit sans autre désagrément que deux belles frayeurs. La première fut lorsque, un soir, nos chameaux disparurent et ne furent retrouvés que pendant la nuit, après une longue errance. La seconde, nous la dûmes à un mulet qui portait l'argent, et qui prit la fuite, sans doute encouragé par ce mauvais exemple. Là encore, il y eut plus de peur que de mal : on put suivre le mulet à la trace, retrouver la sacoche qui avait glissé de son bât, puis, au campement, le mulet lui-même ; il était revenu prendre sa place avec les autres bêtes, un peu comme s'il n'avait voulu que nous jouer ce bon tour.

Nous arrivâmes ainsi dans la montagne du Hauran, à Busra, où l'on nous informa que Nour al-Dîn campait dans les environs de Damas. Je repartis pour le rejoindre. Revoir la Syrie m'était, on le devine, bien doux, même si j'y avais perdu l'un de mes plus fidèles amis. Depuis bientôt un an, Mouîn al-Dîn Anour avait succombé, c'est le cas ou jamais de le dire, à son amour de la bonne chère. Pris d'une violente dysenterie et de douleurs au foie après l'un de ces plantureux repas qu'il affectionnait, il avait rendu l'âme le vingt-troisième jour du second mois de rabî' 544 (30 août 1149).

Je me retrouvai donc tout près de Damas, et plus près encore de celui qui voulait s'en rendre maître. Nour al-Dîn me reçut avec beaucoup d'égards, mais je vis bien, tout de suite, que mes craintes allaient s'avérer fondées. Il commença par me dire qu'il ne pouvait quitter les abords de Damas : les Francs étaient menaçants, et il se devait de la défendre. Un peu plus tard, pourtant, il finit par me tenir un langage plus direct : « Les gens de Damas sont mes ennemis, me dit-il, et les Francs sont mes ennemis. Si je m'avance vers Tibériade avec ces deux menaces sur mes flancs, je ne me sentirai pas du tout en sécurité. » Il proposa alors, froidement, aux gens de Damas de fournir un contingent de soldats pour aller secourir Ascalon avec moi. Comme on s'en doute, ils se montrèrent peu empressés à dégarnir ainsi leurs troupes, alors que Nour al-Dîn était là, attendant son heure. Celui-ci fit mine de se rendre aux raisons,

125

plus ou moins diplomatiques, qu'ils invoquè-
rent, et je me retrouvai aussi désemparé qu'au
début. « Me permets-tu, demandai-je alors à
Nour al-Dîn, d'enrôler quelques hommes, de
ceux qui n'appartiennent pas à l'armée régulière ? Je les ramènerai, une fois l'expédition
achevée. Toi, de ton côté, tu pourrais dépêcher trente de tes cavaliers, sous le commandement d'un de tes officiers. Ainsi, tout sera
fait en ton nom. » Nour al-Dîn acquiesça. Peu
de jours après, j'eus huit cent soixante hommes
à cheval que j'emmenai, pour la guerre et le
pillage, jusqu'en plein cœur des possessions
franques. Nous faisions halte, très officielle-
ment, au son de la trompette, au son de la
trompette nous levions le camp. Ce furent
quelques mois heureux, mais il y avait un ver
dans le fruit, et qui m'en disait long sur le
chemin qui me restait à faire pour me laver,
dans le cœur de Nour al-Dîn, des préventions
qu'il avait reçues de son père à mon endroit :
le commandant de ses trente cavaliers, un
Damascène rallié à ses vues, n'était autre que
Ayn al-Dawla Al-Yârouqî, l'un de ceux qui
avaient intrigué contre moi pour me chasser
de la ville.

Sur le chemin qui nous menait à Ascalon,
nous passâmes, dans les environs d'Ammân,
à la caverne d'Al-Raqîm, que la tradition

rattache au souvenir des Sept Dormants*. Je fis halte pour prier à la mosquée toute proche et j'allais commencer lorsque je vis l'un des Turcs de notre troupe, l'émir Barchak, qui s'apprêtait à entrer dans l'étroite fissure du roc. « Pourquoi aller prier là-dedans ? lui demandai-je. Reste plutôt ici. — Mais, par le Dieu unique, répondit-il, je serais un bâtard si je ne réussissais pas à me glisser dans la grotte. — Que me chantes-tu là ? — Tout le monde sait que seuls peuvent passer par cette fente ceux qui ne sont pas nés de l'adultère. » Je n'attache guère d'importance à ce genre de sornettes, mais je ne pouvais pas non plus avoir l'air de me dérober. Je suivis donc Barchak dans la grotte pour y prier. Après quoi, la plupart des soldats, les uns après les autres, firent de même. Mais il y avait parmi nous un brave homme d'esclave noir, très pieux, très assidu à la prière. En plus, il était la minceur même. Eh bien, le croira-t-on ? La caverne le refusa, malgré tous ses efforts. Le pauvre se déroba, soupira, pleura et refusa de se laisser consoler.

Nous arrivâmes à Ascalon un des derniers jours de l'année 545 (avril 1151), à l'aube. A

---

* *Les Sept Dormants* : ceux d'Éphèse, endormis sous le règne de l'empereur Decius et qui se réveillèrent sous celui de Théodose II.

peine étions-nous délestés de nos charge-
ments, sur la grand place où se fait la prière,
aux portes de la ville, que les Francs se
signalèrent dans les parages. Le gouverneur
vint, tout agité, nous prier de nous tirer de là,
et les bagages avec nous. On lui fit honte :
« Les Francs ? Mais nous les voyons depuis
plusieurs jours, dans le désert. A croire qu'ils
nous font escorte ! Allons-nous avoir peur
d'eux, alors que nous voici dans une ville à
nous ? » Les Francs restèrent sans bouger, à
quelque distance, puis revinrent se montrer,
en force cette fois, et dans l'intention bien
évidente d'assiéger la ville : tentes, cavaliers,
fantassins, rien ni personne ne manquait.
Nous fîmes, nous les cavaliers, une sortie
contre eux, et comme nos fantassins avaient
agi de même, je leur conseillai de retourner
aux remparts et de nous rejoindre seulement
si la bataille tournait à notre avantage. Ils ne
voulurent rien savoir. Je me dirigeai alors
vers les Francs, qui s'affairaient à dresser leurs
tentes : ils les lâchèrent, déployées comme
elles étaient, et prirent la fuite. Mais quand
ils furent à quelque distance de la ville, ils se
trouvèrent suivis par toute une bande de
fantassins, peu aguerris et sans cervelle, contre
lesquels ils firent volte-face. Les autres, bousculés, jetèrent leurs boucliers et s'enfuirent.
Nous revînmes charger les Francs, qui dispa-

rurent de nouveau. Sur le chemin qui nous ramenait à la ville, j'entendis plus d'un homme, parmi ceux que nous venions de sauver, regretter que l'on n'eût pas suivi mes conseils. « Nous ne l'avons pas fait, disaient-ils, et nous voilà battus et couverts de honte ! »

On s'en souvient peut-être : lorsque j'avais dû, avec tous les miens, partir de Damas pour Le Caire, l'un de mes frères, Abou l-Hasan Alî, nous avait quittés en route pour rester à Ascalon. Je l'y retrouvais maintenant, aussi dévoué que par le passé à la défense de notre religion, et par ailleurs historien de qualité. Lui et moi connûmes là de beaux jours de guerre et de ravages, comme une fois où nous étions sortis pour attaquer Bayt Jibrîl, tenue par les Templiers, entre Jérusalem et Gaza. Après une fière bataille, nous aperçûmes, au retour, vers les approches d'Ascalon, de grosses récoltes de grain empilé. Nous lançâmes avec joie le feu sur les aires, puis sur d'autres encore, et l'incendie accompagnait notre marche.

Les choses n'allaient pas toujours aussi bien, et Ascalon restait sous la menace constante des Francs. Un jour, une grande offensive s'annonça, pour laquelle ils étaient sortis de toutes les forteresses qu'ils tenaient dans la région. Heureusement pour nous, les Francs, dont j'ai dit la hardiesse au combat, peuvent être aussi, quand ils le croient nécessaire, les guerriers les plus prudents du monde. Cette fois-là, leur troupe s'était postée sur une colline et nous en face, sur une autre. Les hommes qui menaient nos montures de rechange devaient passer entre les Francs et nous, mais l'ennemi ne bougea pas, par crainte d'une embuscade ou de quelque autre ruse. Nous savions, nous, compte tenu des forces respectives, que si les Francs avaient dévalé sur ces soldats, ils n'auraient fait qu'une seule bouchée d'eux et de nous. Ce ne fut qu'une fois achevé ce défilé que les Francs se décidèrent à nous charger. Nous pliâmes, mais eux ne mirent aucun entrain, aucune persévérance à nous poursuivre, se contentant de tuer ou de capturer ceux qui s'arrêtaient ou tombaient de cheval. A la fin, ils firent demi-tour. A Dieu merci ! C'est Lui qui venait de nous sauver ce jour-là, en inspirant aux Francs une prudence excessive.

Je restai, au total, plusieurs mois à Ascalon, marqués par des successions de rencontres indécises, de revers et de succès : le plus beau de ces derniers fut notre attaque contre Youbnâ, entre Jaffa et Ascalon, où nous tuâmes une centaine d'ennemis et fîmes nombre de prisonniers. Un jour arriva une lettre d'Ibn al-Sallâr, qui me demandait de rentrer au Caire. Je repris donc le chemin de l'Égypte et dis adieu à mon frère. Je ne devais plus le revoir : peu de temps après mon départ, Abou l-Hasan Alî trouva la mort des braves, des martyrs, dans un assaut contre Gaza.

Les mois qui suivirent nous apportèrent les échos de nouvelles luttes, auxquelles il fallut prendre part à l'occasion : la fin de l'année 547 (1152) me vit de retour dans la région d'Ascalon. Mais la situation au Caire me rappela bientôt dans cette ville. De graves événements s'y préparaient et j'étais trop lié aux hommes du pouvoir pour me désintéresser de ce qui se passait sur les bords du Nil. J'ai dit la rancune que le calife Az-Zâfir nourrissait contre Ibn al-Sallâr, son vizir ou plutôt, devrais-je dire : le vizir qui s'était imposé à lui. Ibn al-Sallâr avait dépêché son beau-fils, Abbâs, à la tête d'une armée qui devait protéger des entreprises franques la ville de Bilbays, sur la route qui mène d'Égypte en Syrie. Abbâs était accompagné de son fils, Nasr, qui resta quelques jours à l'armée avec lui, puis rentra au Caire sans avoir demandé permission à qui que ce fût, et d'abord à Ibn al-Sallâr.

Celui-ci, furieux, s'imagina que Nasr s'ennuyait loin du Caire et y revenait pour renouer avec ses plaisirs. En réalité, les choses étaient infiniment plus graves. Nasr était de connivence avec le calife, qui l'avait autorisé à

131

recruter une troupe parmi ses propres gardes, pour le dessein dont ils étaient convenus tous deux : Nasr tuerait le vizir lorsqu'il se serait retiré pour la nuit dans ses appartements, avec ses femmes. Nasr y avait libre accès du fait que la maîtresse des lieux n'était autre que sa grand-mère, l'épouse d'Ibn al-Sallâr. Quand ce dernier fut endormi, le majordome du palais vint prévenir Nasr, lequel fit irruption avec ses hommes, tua le vizir et lui coupa la tête ; c'était le six du mois de mouharram 548 (3 avril 1153). Les hommes d'Ibn al-Sallâr, qui cantonnaient dans le palais, en sortirent et une bataille les opposa aux affidés d'Az-Zâfir et de Nasr. Lorsque celui-ci apparut, élevant la tête du vizir au bout d'une lance, la lutte s'arrêta ; les uns quittèrent la ville pour aller offrir leur obéissance à Abbâs, les autres se déclarèrent prêts à servir Nasr et baisèrent le sol devant lui.

Le lendemain matin, Abbâs revint au Caire, s'installa dans le palais du vizir, reçut d'Al-Zâfir un manteau d'honneur et la direction des affaires de l'État. Nasr, lui, devint le familier attitré du calife, ce qui nourrit aussi-tôt les soupçons d'Abbâs, qui ne se sentait pas trop tranquille devant un fils aussi expert en complots. Je fus témoin d'un de ces orages qui éclataient entre les deux hommes, Nasr baissant la tête, mais plutôt comme une panthère prête à bondir, et répondant mot pour mot. Il me fallut intervenir : « Seigneur, dis-je à Abbâs, voilà bien des reproches à qui ne les mérite pas. S'il y a quelqu'un à blâmer ici, c'est moi, moi qui suis de part à tout ce que ton fils entreprend, de bien ou de mal. Mais au fait, où est le mal là-dedans ? Nasr a-t-il dilapidé tes biens, trahi quelqu'un de tes amis, travaillé contre ton pouvoir ? Non, tu le sais bien. Et tu sais aussi qu'il a risqué sa vie pour te voir installé où tu es aujourd'hui. Le blâme, crois-moi, n'est pas de mise. »

Le père en resta là, le fils me promit une fidélité accrue. Mais rien n'était joué : le calife eut l'idée de profiter de son amitié avec Nasr pour l'inciter à tuer son père et prendre sa place. Il faut croire que l'amitié n'y suffisait pas, cependant : les cadeaux affluèrent. Comme j'étais très assidu auprès de Nasr, je pouvais voir comment Az-Zâfir procédait. Un jour arrivaient vingt plateaux d'argent, et sur chacun mille dinars. Pendant quelques jours, rien. Puis une extraordinaire collection de vêtements précieux. Quelques jours encore. Puis cinquante plateaux d'argent, et mille dinars sur chacun. Nouveau silence, suivi de vingt mûlets de bât avec quarante chameaux, tous sellés et harnachés.

J'étais, je viens de le dire, perpétuellement en compagnie de Nasr, sur son ordre, et la nuit, je dormais la tête appuyée à l'extrémité de son oreiller. Je pouvais observer ainsi, à toute heure, les émissaires qui ne cessaient d'aller et venir entre le calife et lui. Une nuit, comme l'un d'eux venait de partir, Nasr m'appela : « Où es-tu ? — Ici, près de la fenêtre. Je lis le Coran, ce que je n'avais pu faire encore aujourd'hui. » Il me confia son projet ou plutôt, disait-il, le projet d'Az-Zâfir, me demandant ce que j'en pensais et souhaitant sans doute m'entendre l'encourager. « Ah ! Seigneur, m'écriai-je, prends garde aux pièges de Satan et de tous ceux qui cherchent à te perdre. Car tu te perds pour le jour du Jugement, si tu commets ce crime entre les crimes. » Nasr baissa la tête et coupa court à l'entretien. Mais je sus bien vite que j'avais gagné, au moins là-dessus, et que l'Égypte ne verrait pas ce parricide.

A dire le vrai, je ne réussis que trop bien à réconcilier le père et le fils : ce fut le calife lui-même qui fit les frais de l'opération. Est-ce l'intrigue qui joua ? Ou une sorte de désir de survie, qui désignait à la vindicte commune d'Abbâs et de Nasr l'homme qui avait failli les perdre tous les deux ? Toujours est-il qu'ils résolurent de se débarraser d'Az-Zâfir. Une nuit, Nasr, qui sortait souvent se promener incognito avec le calife, l'invita dans sa maison, au marché des Fabricants d'épées. Tout était en place : une poignée d'affidés, dans une aile de la maison, attendait. Quand Az-Zâfir se fut installé, ils se précipitèrent sur lui et le tuèrent avec un de ses serviteurs, un Noir qui ne le quittait jamais. Les corps furent jetés dans un souterrain de la maison. Cela se passa le dernier jour du mois de mouharram 549 (16 avril 1154).

Au matin, Abbâs, jouant les innocents, vint au palais et prit place dans la salle des audiences ; aux yeux de tous, il attendait l'arrivée du calife pour lui présenter ses devoirs, comme cela se faisait chaque jour. L'heure s'avançant, il appela le préfet du palais et lui dit : « Que se passe-t-il ? Et pourquoi notre seigneur n'est-il pas là pour recevoir nos hommages ? » L'autre restant muet, Abbâs insista. « Maître, balbutia le préfet, je n'y comprends rien. Nous ne savons pas où se trouve le calife. — Allons donc ! répliqua Abbâs. Quelqu'un comme lui peut-il se perdre ? Demi-tour ! Va aux nouvelles ! » Quand le préfet fut là de nouveau et confirma qu'Az-Zâfir restait introuvable : « Un peuple doit avoir obligatoirement un calife, s'écria Abbâs. Va voir les frères d'Az-Zâfir, prends-en un, et nous lui prêterons le serment d'allégeance. » Le préfet repartit, revint et déclara : « Les frères du calife te font dire que rien de cela ne les regarde : leur père les a dessaisis de l'autorité en faveur d'Az-Zâfir et celle-ci, après lui, revient à son fils. — Eh bien ! Amène-nous ce fils ! » commanda Abbâs.

Il faut savoir que Nasr, en toute cette affaire, jouait le rôle de bras exécuteur. L'âme du complot, c'était Abbâs. Il avait résolu de proclamer qu'Az-Zâfir était mort de la main de ses frères et qu'il les en châtierait. Les choses se déroulèrent selon son plan. On vit d'abord paraître le fils d'Az-Zâfir, un enfant de cinq ans porté sur les épaules d'un major-dome du palais. Abbâs le prit et l'éleva à la vue des assistants, qui l'acclamèrent en pleurant. On le proclama calife sous le nom d'Al-Fâ'iz. Le portant toujours, Abbâs entra dans une autre salle où se trouvaient les princes Yousouf et Jibrîl, frères d'Az-Zâfir, avec Abou l-Baqâ, le fils d'un autre frère momentanément absent.

J'étais alors, avec quelques personnes, sous le portique, tandis que l'intérieur du palais fourmillait de plus d'un millier de soldats égyptiens. Un épouvantable vacarme nous fit sursauter tout à coup : une ruée, des cris, des bruits d'épée. Un de mes hommes, un Arménien, que j'avais prié d'aller voir ce qui se passait, revint en hurlant : « Ces hommes sont tout, sauf des musulmans ! Ils ont tué le prince Jibrîl, il y en a un qui lui a ouvert le ventre et qui en tire les intestins ! » Au bout

d'un moment, Abbâs apparut avec, sous le
bras, la tête de Yousouf lâchant des flots de
sang. Abou l-Baqâ, lui, fut gardé un moment
jusqu'à ce que l'on eût mis la main sur son
père : après quoi, on les poussa dans un
réduit où on les massacra eux aussi. Ce jour-
là, qui vit briller mille épées nues, fut l'un
des plus sinistres de ma vie, l'un des plus
condamnables aux yeux du Très-Haut pour
l'iniquité et la sauvagerie qui s'y déployèrent.
Abbâs et Nasr, à qui j'avais lié mon sort,
pouvaient se croire maîtres de l'Égypte. Illu-
sion, comme je vais le dire, et payée de quel
prix, Seigneur !

Dans les jours qui suivirent, les malheurs
de la famille califienne enflèrent les cœurs de
haine contre Abbâs. Les sœurs d'Az-Zâfir firent
tenir un message à Ibn Rouzzîk, un homme
de grand mérite, gouverneur d'une province
de la Haute-Égypte. Il arma une troupe et
marcha sur Le Caire. Le dix çafar de la même
année 549 (26 avril 1154), Abbâs quitta Le
Caire pour aller à sa rencontre, en m'ordon-
nant de rester sur place avec son fils Nasr.
Dès qu'il eut passé les portes, la garnison le
trahit et les ferma dans son dos. La bataille fit
rage entre les révoltés et nous, dans toutes les
rues et avenues de la ville. Sur la chaussée,
nous avions affaire aux cavaliers, mais nous
recevions aussi, depuis les toits, les flèches

des fantassins, et les pierres depuis les fenêtres où s'étaient embusqués les enfants et les femmes. Le combat dura tout le jour, mais la victoire nous sourit à la fin. Les insurgés rouvrirent les portes pour prendre la fuite, cependant qu'Abbâs, qui avait attendu ce moment, leur donnait la chasse tout autour de la ville, tuant tous ceux qui lui tombaient sous la main. Puis il voulut mettre le feu au quartier dit de Cyrénaïque, d'où les rebelles étaient originaires. Je réussis à l'en dissuader, lui représentant qu'un incendie ne distinguait pas les innocents des coupables et que, une fois déchaîné, il pouvait bien lui échapper et gagner Le Caire tout entier. L'insurrection s'apaisa, mais elle avait montré à Abbâs l'ampleur du désastre, la fin de son crédit, l'hostilité de la population, d'une grande partie de l'armée et de ses généraux, bref la nécessité de quitter le pays. Il se décida donc à gagner la Syrie pour y demander assistance à Nour al-Dîn.

Des émissaires, cependant, allaient et venaient entre le palais et Ibn Rouzzîk. Celui-ci était, par ailleurs, mon ami depuis que j'étais arrivé au Caire. Il me fit dire que, Abbâs étant désormais indésirable en Égypte, il allait, lui, devenir le maître du pays. Il me portait trop d'affection pour me laisser partir, et partir avec quelqu'un comme Abbâs, qui ne me gardait avec lui que pour réussir coup double : m'utiliser lorsqu'il serait en Syrie, et me détacher d'Ibn Rouzzîk.

Abbâs, c'est un fait, se méfiait des relations qui m'unissaient au nouvel homme fort de l'Égypte. Il me convoqua et me fit jurer, par tous les serments du monde, que je l'accompagnerais dans son exil. Il faut croire pourtant qu'il persistait à se défier de moi puisque, la nuit venue, il fit emmener auprès de lui ma mère, mon épouse, mes enfants et toute ma famille, avec ce message à mon adresse : « Je prends, pour le voyage, tout ce monde en charge à ta place. » Et de faire préparer sa caravane : deux cents chevaux et juments tenus en bride par des gens à pied, et, pour les bagages, quatre cents chameaux ainsi que deux cents mulets.

Un mois s'était écoulé depuis la dernière bataille dans les rues du Caire, et il ne restait plus qu'à fixer le jour du départ. Abbâs s'en remit à son horoscope, qui pencha pour un samedi. Quelques jours avant la date fixée, l'un des familiers d'Abbâs, Antar, voulut encore le dissuader : « Seigneur, lui dit-il, prends tes parents, tes biens, tes amis, et allons à Alexandrie*. Tu pourras y recruter autant

---

* *Alexandrie* : c'est de là que viennent, on s'en souvient, Ibn al-Sallâr et son beau-fils Abbâs.

d'hommes que tu veux pour en découdre avec Ibn Rouzzîk. Vainqueur, tu rentres au Caire. Vaincu, tu te replies sur Alexandrie, d'où personne ne pourra te déloger. » Mais Abbâs, au lieu de se rendre à ce sage conseil, congédia Antar sans façon. Le vendredi, veille du départ, il vit marcher contre lui toute une troupe conduite par des généraux auxquels il avait fait renouveler, quelques jours avant, leur serment d'obéissance.

Il fallut donc décamper ce vendredi même. Les bêtes furent sanglées et rassemblées devant le palais d'Abbâs, leur cohue faisant fort heureusement écran entre nos adversaires et nous. A cet instant, Antar changea lui aussi de camp, en renvoyant chez eux palefreniers, muletiers et chameliers. Les bêtes, ainsi abandonnées, furent vite la proie du pillage. Abbâs me dépêcha vers les troupes turques qui stationnaient sur l'enceinte du nord, près de la porte de la Victoire. Je n'avais pas plutôt donné les ordres que ces huit cents cavaliers détalèrent, suivis bientôt par les mamelouks. Je revins informer Abbâs, emmenai ma famille hors de son palais où il l'avait conduite, et la fis sortir de la ville avec les femmes d'Abbâs. Il n'était que temps : quand la dernière bête eut été volée, toute la foule des pillards se rua vers nous. Heureusement, quand nous eûmes nous aussi passé les portes, les autres les

refermèrent derrière nous et se rabattirent
sur nos maisons pour les mettre à sac. Je sus
plus tard le prix dont je payai mon attachement à Abbâs et à son fils Nasr : de la grande
salle de ma résidence disparurent quarante
grands sacs d'argent, d'or et de vêtements ;
de mes écuries, trente-six chevaux et mules
de selle, avec tout leur équipement, plus
vingt-cinq chameaux ; de mon domaine de
Koum Achfîn, deux cents têtes de bovins,
mille brebis et toutes les récoltes entassées
dans les greniers.

VI

Sur le chemin qui nous éloignait de la porte de la Victoire, je ne pouvais me retenir de penser une fois encore au déroulement de la destinée : la chère Syrie était au bout de la route, mais réussirions-nous à l'atteindre ? Pour le moment, à soixante ans bientôt, je connaissais un nouvel exil, j'étais ruiné, j'allais mourir peut-être. Était-ce bien, du reste, le destin qu'il fallait invoquer cette fois ? Les dix années que je venais de passer au Caire avaient été occupées, avec ou contre mon agrément, à l'intrigue, à la politique, aux honneurs, toutes choses inventées, pratiquées par les hommes, et qui passent. Destin ou pas, de toute façon, le résultat était là : la veille, je me trouvais dans l'une des cours de ma maison, où l'on me présentait le compte de mes biens, et maintenant... Maintenant, j'étais attaqué, avec notre petite troupe, par les chefs des tribus arabes, ceux-là mêmes qui m'avaient juré préférer la mort à la trahison. Durant toute une semaine ou presque, ils nous harcelaient, même la nuit, dont ils profitaient pour faire peur à nos chevaux et prendre ceux qui s'échappaient. Une fois, je me trouvais séparé de mes compagnons, monté sur un mauvais cheval et armé, en tout et pour tout, d'une épée. Les Bédouins étaient là. Alors que je me préparais à sauter au sol pour être mieux à même de vendre chèrement ma vie, le cheval broncha et je vidai les étriers. A moitié assommé par la chute, le crâne en sang, l'épée dans son fourreau à quelques pas de moi, je reçus deux coups de sabre avec ces mots : « Tiens ! Te voilà servi, et comme il faut ! » Je vis que l'on me prenait le cheval et l'épée. Par chance, les Turcs de notre escorte m'aperçurent et vinrent à mon secours. Nasr me donna une nouvelle monture, une épée, et je repris la route sans même avoir eu le temps de me faire panser.

Notre équipée se poursuivit, épuisante. Nous n'avions plus de provisions ; quand nous trouvions un point d'eau, nous buvions dans le creux de nos mains. La situation devenait sans issue : à Bilbays, je décidai de renvoyer toute ma famille, sauf les hommes, chez Ibn Rouzzîk qui, j'en étais sûr, prendrait soin d'elle. On se remit en marche : l'itinéraire était sensiblement le même que celui que j'avais suivi pour me rendre en ambassade auprès de Nour al-Dîn. Trois jours après que les Bédouins eurent disparu, un autre ennemi nous attaqua : les Francs. Au matin du vingt-troisième jour du premier mois de rabî' 549 (7 juin 1154), au lieudit Al-Mouwaylih, vers le nord-est d'Akaba, ils fondirent sur nous en masse. Nous réussîmes, après des heures de bataille, à nous fortifier contre eux dans la montagne. Mais nos pertes étaient lourdes : Abbâs et l'un de ses fils, Housâm al-Mulk, tués, son argent pillé, la captivité pour ses femmes, pour mon frère Najm al-Dawla Mouhammad et pour Nasr. Ce dernier devait bientôt payer ses intrigues et ses crimes de la plus horrible façon. Vendu par les Templiers au prix de soixante mille dinars, il fut transporté au Caire dans une cage de fer. Les femmes d'Az-Zâfir l'y attendaient : avec le tacite consentement d'Ibn Rouzzîk, elles le torturèrent, le mutilèrent, savamment, patiemment. Après quoi, on le crucifia vivant à l'une des portes du Caire, où son cadavre devait rester exposé deux années durant.

Ayant repris quelque peu mes esprits après la bataille d'Al-Mouwaylih, je me remémorai quelques-uns des faits de cette journée. L'étrange circulation — je n'ose pas dire destinée — des choses, d'abord. J'avais jadis fait cadeau à Nasr d'une selle admirable, en cuir de Gaza, ourlée de noir et à point double. Dans le désordre du combat avec les Francs, divers chevaux de Nasr, laissés à l'abandon, furent récupérés par mes gens. Je reconnus ainsi, sur l'un d'eux, ma selle, que j'eus toutes les peines du monde à soustraire aux yeux jaloux d'un parent d'Abbâs. « Lis ce qu'il y a d'écrit sur la selle, lui dis-je. Connais-tu quelqu'un, à part moi, qui pouvait se promener au Caire, du temps d'Al-Hâfiz, sur une superbe selle dorée comme celle-ci ? » Je retrouvai avec plaisir, avec émotion même, cette vieille amie. Avec beaucoup de tristesse aussi : elle me rappelait trop de jours heureux.

Lors de la même bataille, l'un de nos amis syriens, qui jouait les émissaires entre Nour al-Dîn et nous, fut atteint d'une quantité de blessures. Son frère vint m'en informer, précisant qu'il avait perdu tout à fait conscience. « Va et saigne-le ! » lui dis-je. Mais lui : « Il s'est déjà vidé de je ne sais combien de sang ! — Va, te dis-je, et saigne-le ! Je m'y connais en blessures, sois tranquille, et je peux t'assurer que la saignée est le seul traitement possible. » Il revint un moment après et me cria, tout joyeux : « Je l'ai saigné ! Il est revenu à lui, il s'est assis, il a bu et mangé. Je crois qu'il est sauvé. — Loué soit Dieu ! dis-je. J'ai assez l'expérience de cas de ce genre pour ne pas donner un tel conseil à la légère. »

Je repense encore à ces instants sur la montagne, lorsque nous eûmes réussi à nous sauver des Francs. J'avais peiné et peiné pour y parvenir. Épuisé, incapable de marcher, je montais un cheval de bât. La pente était rude, le sol, pierreux, se dérobait sous les pattes de la bête. Je la frappais, mais elle finit par s'arrêter, à bout de ressource, et commença de glisser en arrière, entraînée par la pierraille qui roulait. Je mis pied à terre, retins le cheval de toutes les forces qui me restaient, mais sans pouvoir bouger davantage. C'est alors que je vis descendre de la montagne un homme qui me prit par la main et tira ma bête, avec moi, vers le haut. Je ne savais qui c'était, et ne le rencontrai jamais plus. Quand je me le rappelle, comme je le fais maintenant, je compare sa générosité muette à tant de vilains gestes par lesquels, en ces temps difficiles, on ne manquait pas de se prévaloir d'un bienfait pour en tirer récompense. Ainsi d'un Turc qui m'avait, un de ces jours-là, donné — si j'ose dire — à boire un peu d'eau pour deux dinars. Lorsque nous fûmes arrivés à Damas, il me mit à contribution pour mille et une affaires, au nom de ces quelques gorgées d'eau. Je me suis souvent demandé depuis si l'homme de la montagne n'était pas, réellement, un ange que m'envoyait le Très-Miséricordieux.

147

Il y avait encore un long chemin à faire jusqu'à Damas. Sans provisions, sans fourrage pour nos bêtes, nous arrivâmes à la vallée de Moïse, le pays de l'antique ville de Pétra. Des chemins étroits et malaisés, des Bédouins, les Banou Fouhayd, qui tuaient tous ceux qui s'écartaient de notre groupe, des nuits passées à veiller, dans la crainte de ces démons, sans parler des Francs qui n'étaient pas loin, voilà qui semblait devoir mettre le comble, et peut-être la fin, à nos misères. J'eus l'idée d'envoyer l'un de mes hommes auprès d'un vieil ami à moi, Mansour Ibn Ghidafl, dont je venais d'apprendre la présence dans la région. Il était chef d'un clan des Banou Rabî'a, de la très puissante tribu des Tayy. Il arriva un beau matin. Les Banou Fouhayd étaient là aussi, tout autour de la source dont ils prétendaient nous interdire l'accès, sous le prétexte qu'ils n'allaient pas nous laisser boire alors qu'eux-mêmes mouraient de soif. Le mensonge était gros, devant cette énorme source qui aurait suffi à plusieurs tribus d'Arabie rassemblées, mais la vérité, elle, apparaissait clairement : on nous cherchait noise pour susciter une querelle, puis la bataille, et l'on s'emparerait alors de nous. Mansour n'y alla pas par quatre chemins : quand un seigneur des Tayy se met à injurier des gens comme les Banou Fou-hayd, ils décampent. Mansour nous indiqua

148

alors un chemin épouvantable, mais rapide, pour quitter la montagne et rejoindre la route de Damas. Je lui donnai mille dinars et emmenai notre troupe, désormais réduite de tous les morts et prisonniers que nous avions laissés aux Francs et aux Bédouins. C'est dans un état de fatigue et de détresse extrêmes que nous vîmes enfin les murs de Damas, le cinquième jour du second mois de rabî', en l'an 549 (19 juin 1154).

Cette fois, les portes de la ville m'étaient ouvertes. Moins de deux mois auparavant, Nour al-Dîn s'en était rendu maître. Faiblesse des derniers Turcs bourides qui la gouvernaient, intelligences dans la place, mais, plus que tout, souhait des Damascènes de voir s'achever ce jeu du chat et de la souris qui durait depuis des années entre leur ville et le puissant souverain de la Syrie du Nord, et ce désir profond, aussi, qui s'emparait de tout un peuple : voir enfin l'Islam, uni sous la bannière d'un grand prince, se battre comme un seul homme face à l'ennemi franc, tout s'était réuni pour ce succès capital. Le rêve de Zengi se réalisait dans la personne de son fils.

Celui-ci m'accueillit avec chaleur. Finies, les vieilles préventions héritées de son père et qui m'avaient suivi, on s'en souvient, lors de mon ambassade. Maintenant, les victoires de Nour al-Dîn, la hauteur de vues qui était la sienne, l'ampleur d'un projet qui le mettait au-dessus des petites mesquineries des hommes, le plein appui que je donnais à sa politique d'union contre les Francs : j'étais sûr que, de nouveau, la vie s'ouvrait devant moi. Au reste Nour al-Dîn me prouva-t-il, sur l'heure, son attachement : il écrivit, dès mon arrivée, à Ibn Rouzzîk pour le prier de faire partir vers Damas mes femmes et mes enfants, que je lui avais confiés et qu'il traitait fort bien, je dois le reconnaître. Ibn Rouzzîk essaya d'abord d'un subterfuge : il n'avait pas renoncé à me voir revenir au Caire et ma famille constituait un bel appât dont il espérait ne pas se priver. Il répondit donc en alléguant les périls du voyage, au nombre desquels il fallait compter les Francs, puis en m'allé-chant : « Tu sais, disait-il dans la lettre remise au messager, les liens qui nous unissent, et combien j'aimerais t'avoir auprès de moi. Si tu te méfies des gens du Caire, à commencer par ceux du palais, je te ferai remettre la ville d'Assouan. Ta famille t'y rejoindra et tu pour-ras, de là, mener une guerre énergique contre les Abyssins. » Nour al-Dîn, consulté, m'enga-gea vivement à ne pas céder à de telles propositions : je venais d'échapper à grand peine aux troubles et aux fureurs de l'Égypte ; pourquoi vouloir gaspiller la vie, qui était déjà si courte ? Il y avait mieux à faire : lui, Nour al-Dîn, demanderait, par lettre au roi de Jérusalem, un laissez-passer pour ma famille, qu'il ferait accompagner par quelqu'un de son propre entourage. Et de fait, il dépêcha un messager qui revint avec le sauf-conduit marqué de la croix et valable sur terre et sur mer.

Ibn Rouzzîk reçut alors deux lettres, l'une de Nour al-Dîn et l'autre de moi. Il s'inclina de bonne grâce et fit voyager les miens sur l'une de ses embarcations privées, par le Nil jusqu'à Damiette. Il leur remit tout ce qu'il leur fallait pour la route, sans oublier les recommandations d'usage. De Damiette, ma famille appareilla sur un bateau franc. Mais lorsqu'ils furent en vue d'Acre, où se trouvait alors le roi de Jérusalem, celui-ci envoya quelques hommes qui saccagèrent le bateau à coups de hache. Le roi en personne était venu à cheval sur le rivage, où il attendit tranquillement pour piller tout ce qu'on lui apporta. L'un de mes gens nagea vers lui, tenant le sauf-conduit hors de l'eau et criant : « Seigneur, n'est-ce pas là ton ordre, signé de toi ? — Bien sûr, répondit le roi lorsqu'il vit le laissez-passer. Mais nous suivons maintenant la coutume des musulmans. Lorsqu'un bateau fait naufrage près de la côte, les riverains le pillent. — Nous sommes donc tes

151

prisonniers ? — Non pas. » Ce maudit fit emmener toute la troupe dans une maison où on les fouilla, femmes comprises, pour les dépouiller de tout ce qu'ils avaient sur eux. Quant au bateau, il transportait des bijoux que les femmes avaient reçus en dépôt, des vêtements, des pierres précieuses, des épées et autres armes, de l'or et de l'argent. Le roi rafla tout, soit une valeur d'environ trente mille dinars. Il en remit cinq cents à ma famille, avec ces mots : « Cela vous suffit pour rentrer chez vous. » Une somme aussi dérisoire, je vous demande un peu, pour une cinquantaine de personnes !

Je n'appris la nouvelle qu'après avoir quitté Damas pour accompagner, ainsi que je vais le dire, Nour al-Dîn dans l'une de ses expéditions. Sans doute le salut de mes épouses, de nos enfants, à moi et à mes frères, compensait-il tout le reste, la perte de tant de biens que j'avais réussi à sauver de mon désastre égyptien. Mais je ne parle pas des livres, quatre mille volumes, tous précieux, dont j'ai, depuis et chaque jour, ressenti la perte comme un crève-cœur.

Sitôt à Damas ou presque, je repris l'armure du combattant. A soixante ans, je fis partie des troupes que Nour al-Dîn emmenait en Anatolie, où il entendait bien dire son mot dans la crise ouverte par la mort de Masoud, le sultan de Konya. L'année 550 (1155) nous vit ainsi guerroyer dans la région de Samosate. Bien qu'il s'agît, une fois de plus, d'une guerre entre musulmans, je la fis, malgré mon âge, avec entrain : elle rompait avec les intrigues du Caire, ses combats de rues, de palais, de couloirs. Et puis, tout ce qui aidait à la gloire, à la puissance de Nour al-Dîn ne pouvait que rehausser son image et son rôle face à l'ennemi premier : le Franc. La démonstration faite, par la prise de quelques citadelles et autres forteresses, l'armée reprit le chemin d'Alep.

Rentré de la guerre, je m'occupai de faire libérer mon frère Najm al-Dawla, prisonnier des Francs. Je reçus, pour cette entreprise, le plein appui de Nour al-Dîn, qui n'épargna rien, argent ni démarches, et qui, par ailleurs, ne connut de cesse qu'il n'eût donné à ma famille les moyens d'existence dignes d'elle et de moi. Je pouvais penser que, la vieillesse venant, la paix qu'on lui donne si souvent pour compagne me saluait enfin pour cette dernière partie de ma route. Mais je compris bien vite que je n'avais pas fini de payer mon tribut de misères.

Car il me faut ouvrir maintenant l'une des pages les plus douloureuses de ma vie. Tout ce que j'ai pu dire jusque ici à propos de Chayzar témoigne assez, je pense, de l'attachement porté à mon pays natal et à ceux qui l'habitaient. J'avais eu sans doute à beaucoup souffrir de mon oncle Soultân, mais mon cœur, lui, n'avait pas rompu et les englobait, lui, sa famille et tous ceux qui vivaient là-bas, dans la même affection. Je ne sais trop si je leur pardonnais mon exil, et pourtant j'étais sûr qu'au premier signe je volerais vers eux. Mais le signe ne me fut jamais donné, et le destin se chargea du reste. En 552 (1157), un épouvantable tremblement de terre secoua toute la Syrie du Nord. Jadis, quand les Ismaéliens avaient attaqué Chayzar, les hommes de la forteresse étaient loin. Cette fois, par cette ironie dont les événements masquent, à l'occasion, leur cruauté, toute la famille se trouvait là. Elle périt sous les décombres de la citadelle bouleversée, à commencer par Tâj al-Dawla, qui avait succédé à son père Soultân. Toujours à l'affût, les Francs resurgirent, occupèrent les lieux quelque temps. On les chassa, mais c'en était fini de la vieille forteresse, qui passa au pouvoir d'Ibn al-Dâya, frère de lait de Nour al-Dîn. Elle qui avait résisté à tous les assauts des hommes pliait devant celui qui ne cède jamais : le destin s'était choisi cette cible si longtemps désirée, et par tant de monde. Et moi, je me retrouvais plus seul que jamais. J'étais devenu orphelin de tout.

Les mois qui suivirent cette catastrophe furent occupés à un long échange de correspondance en vers avec Ibn Rouzzîk. Il m'écrivait du Caire pour me prier d'être son interprète auprès de Nour al-Dîn, à qui il finit par envoyer une ambassade. Elle nous arriva le vingt et un ramadân de l'année 553 (16 octobre 1158). L'effet n'en fut pas plus heureux que les lettres qui l'avaient précédée. Une fois de plus, l'Égypte proposait à la Syrie un effort commun, qui aurait mis en péril les pays francs de Jérusalem, du Jourdain et de la mer Morte. Déjà, dans mes réponses aux lettres d'Ibn Rouzzîk, je n'avais pu qu'adopter une attitude dilatoire, laisser espérer sans promettre : je connaissais trop bien Nour al-Dîn pour aller au-delà. L'échec de l'ambassade me confirma que j'avais vu juste : face aux Francs, Nour al-Dîn entendait bien se réserver le statut de libérateur, de champion de l'Islam, et ne le partager avec personne d'autre.

A cette époque, je voyageais entre Damas, où j'avais ma famille, et Alep où m'appelait le service de Nour al-Dîn. Service qui, du reste, laissait beaucoup de temps libre dès que la guerre se calmait. La chasse alors reprenait ses droits. Nour al-Dîn était le plus dévoué et le plus fidèle des maîtres, mais sa désinvolture avait parfois quelque chose d'insupportable, comme en ce jour où, sous les murs de la citadelle d'Alep, on vint lui apporter un autour. Il me pria, par les soins de quelqu'un de son entourage, de prendre cet autour, pour m'en amuser. Ma réponse fut que je ne savais pas très bien si j'étais à la hauteur. « Comment ! s'écria Nour al-Dîn. Vous êtes toute une bande, à toujours courir et chasser, et tu ne pourrais pas dresser cet autour ? — Seigneur, expliquai-je, ce n'est pas nous qui les dressons. Nous avons pour cela le personnel qu'il faut ; c'est lui qui dresse les oiseaux et qui chasse avec, devant nous. » Et je refusai de prendre l'autour.

La plupart du temps, heureusement, promenades et courses m'étaient l'occasion d'apprécier et de resserrer les liens qui m'unissaient à Nour al-Dîn. Et puis, comme l'on dit, il s'apprend toujours quelque chose à la chasse. Je retiens, entre autres souvenirs, celui d'un lièvre découvert au gîte, tiré, blessé et qui courut pourtant se cacher dans un trou. En chemin, il avait laissé la moitié de l'une de ses pattes postérieures et toute une partie du ventre, avec la matrice. Je dis à l'homme qui avait recueilli celle-ci et la tenait dans ses mains : « Ouvre-la, et mets les petits à l'abri, dans la terre ! » La matrice contenait deux levrauts qui, dès qu'ils furent ainsi réchauffés, se mirent à bouger, et vécurent.

Il y avait aussi, comme aux temps de mon

amitié avec Anour, une autre chasse : aux
brigands. Et bien plus difficile. Avec l'émir
Khosrau, nous allions un jour d'Alep à Damas,
et devions passer par Balbec. Je pris un peu
les devants pour me donner le temps de
visiter l'église de la ville, mais à peine y étais-
je qu'un cavalier survint à bride abattue :
« Khosrau te fait dire qu'une troupe de bandits, à pied, vient de faire main basse sur une
caravane ! » Je remontai en selle et rejoignis
Khosrau. En nous enfonçant dans la montagne du Liban, nous aperçûmes les brigands
au-dessous de nous, dans une vallée. L'un de
nous suggéra de les attaquer aussitôt. « Gar-
dons-nous en bien ! dis-je. Ces gens, visible-
ment, sont des irréguliers venus du pays franc.
Continuons notre route, en faisant un large
détour, vers l'ouest, et nous les attaquerons
du côté où ils se croient en sûreté. » On ne
me suivit point et l'on commença à descendre. Ce que voyant, les bandits remontè-
rent la pente du même côté, mais en diago-
nale, loin devant nous, trop loin pour qu'on
pût les atteindre, sur un terrain difficile où
les chevaux peinaient. Les six ou sept d'entre
nous qui étaient restés en observation entre-
prirent de les rejoindre en mettant pied à
terre ; ils y réussirent, mais les autres étaient
en nombre : ils tuèrent deux de nos compagnons, prirent trois chevaux, passèrent le

sommet de la montagne et disparurent. Chasser le bandit était décidément, comme aux temps d'Anour, un exercice difficile, et où l'on ne m'écoutait guère.

J'ai, jusques ici, peu parlé de ma foi, et pour cause : elle et ma famille relèvent de cette part de ma vie qui ne regarde personne d'autre. Je dirai simplement que j'avais reçu de mon père les principes et l'exemple de ce que doit être une âme croyante, en avouant que, soit par disposition personnelle, soit parce qu'une vie agitée ne m'en avait guère laissé le temps, j'accomplissais les exercices de notre piété avec régularité et dévotion sans doute, mais sans y ajouter ces innombrables marques d'une attention passionnée à Dieu dont mon père m'avait fourni le témoignage, par ses lectures fréquentes du Coran, ses jeûnes assidus, ses copies du livre saint.

Toujours est-il que je résolus, en cette fin de l'année 555 (1160), de me mettre en règle avec le Seigneur sur une des obligations essentielles de la foi, je veux dire le pèlerinage à La Mekke. J'allai d'abord de Damas à Alep, pour demander permission à Nour al-Dîn de le quitter quelque temps, ou le prier de m'accompagner aux lieux saints. Mais je le trouvai mal remis d'une maladie et pris la route sans lui, en décidant de profiter de la circonstance... et des forces que l'âge m'avait encore laissées pour voir des pays où, peut-être, je n'aurais plus jamais l'occasion de repasser. Au lieu de me joindre à la caravane des pèlerins syriens, je résolus de gagner La Mekke à partir de Bagdad.

Mes pas me portèrent ainsi, d'abord, à Mossoul, où je retrouvai un vieil ami, Jamâl al-Dîn. Il m'offrit l'hospitalité, mais je préférai m'installer sous la tente, au bord du Tigre, du côté où se trouvent les ruines de Ninive. Jamâl al-Dîn vint m'y voir plusieurs fois, durant les jours que je passai là. Mais il fallut partir, pour Bagdad, puis La Mekke, d'où je revins, en paix avec Dieu, par la route de Syrie.

Au retour, j'offris mes services à Nour al-Dîn pour la guerre qu'il reprenait contre les Francs d'Antioche. Peu glorieuse, en vérité. Sans doute sa santé compromise l'avait-elle empêché, depuis quelque temps déjà, de maintenir une pression suffisante sur l'ennemi. Celui-ci s'était refait des forces : il nous immobilisa sous les murs de la citadelle de Hârim, puis nous obligea à la retraite. J'en eus le cœur brisé, à peine consolé par les compliments que l'on m'adressa pour ma vaillance, peu commune, assurait-on, chez un homme de mon âge.

L'année d'après, au printemps de 558 (1163), Nour al-Dîn, qui ne pouvait demeurer sur cet échec, reprit l'offensive, cette fois contre Raymond III, comte de Tripoli. Mais comme les Francs d'Antioche, il était sur ses gardes, et plus que cela : secouru par des troupes amenées de Constantinople. Ce furent eux, de fait, qui nous attaquèrent ; notre entreprise se solda par une honteuse et complète déroute, où bien des nôtres n'eurent que le temps de s'enfuir à toutes jambes, sans cheval et sans armes. Je ne dus moi-même la vie qu'au dévouement d'un Kurde qui se fit tuer pour me sauver.

Ce fut alors que Nour al-Dîn, méditant sur ces échecs, entreprit de faire, avant toute autre conquête, celle de Dieu. Il se déclara pécheur, pénitent, revêtit les habits les plus grossiers, dormit à même le sol et déclara la guerre aux plaisirs. Il régna par son ordre, autour de lui, le même ascétisme, plus ou moins goûté de ses compagnons. Quant à la lutte contre les Francs, loin d'y renoncer, Nour al-Dîn s'y prépara de plus belle. Son armée rééquipée et flambant neuf, il marcha sur Hârim. Entre-temps, j'avais réussi à convaincre mon ami, l'Artouqide Qarâ-Arslân, prince de Hisn Kayfâ, en Haute-Mésopotamie, de se joindre à nous. D'abord réservé, hostile même à Nour al-Dîn, un homme usé, disait-il, par les excès de jeûne et de prière, il m'écouta. Devant Hârim, il se trouvait à nos

160

côtés. En face, une très forte coalition. Mais
cette fois, Dieu était avec nous. Le vingt-deux
ramadân de l'an 559 (12 août 1164), la citadelle tomba entre nos mains avec une foule
de prisonniers, dont Bohémond III d'Antioche, Raymond III de Tripoli, le commandant des renforts grecs... Et dix mille Francs
gisaient sur le champ de bataille.

Qarâ-Arslân, qui avait puissamment
concouru, sur l'aile droite, à notre succès, me
proposa de l'accompagner à Hisn Kayfâ. Je
n'hésitai pas longtemps. Mon sentiment était
que je n'avais plus grand chose à faire en
Syrie. Quelques mécomptes de la part de
Nour al-Dîn, quelques affronts aussi à mon
amour-propre et à mon âge, l'atmosphère de
piété pesante et volontiers ostentatoire qui
s'était installée à la cour d'Alep, firent le reste.
Je partis pour Hisn Kayfâ.

VII

Je connaissais déjà le pays, pour l'avoir traversé avec Zengi lorsqu'il s'en était allé prendre femme à Khilât. La ville de Hisn Kayfâ avait belle apparence dans son cadre de montagnes, avec la citadelle qui la dominait et le pont qui enjambait le Tigre par une grande arche doublée de deux plus petites. D'autre part, à l'âge où j'étais parvenu — plus de soixante et onze années* — le pays et son prince m'offraient ce que j'attendais peut-être : le repos et ce minimum de détachement sans lequel il n'est pas de vraie sagesse ; détachement souligné, en cette occasion, par la distance qui me séparait de la terre que j'ai toujours considérée comme mienne, la Syrie.

* *Soixante et onze années* : Ousâma compte selon le calendrier musulman, où l'année est longue de 354 jours. Selon le nôtre, il a alors 69 ans.

Et puis, loin de Nour al-Dîn qui avait laissé pâlir mon étoile au profit d'autres conseillers plus jeunes, ma vieillesse, synonyme d'expérience, et la petite taille de la société où j'étais convié jouèrent ici en ma faveur : en un mot, à Hisn Kayfâ, on m'attendait. Qarâ-Arslân se fit une gloire de m'avoir ramené avec lui, il me présenta à son entourage, me donna une maison, près de la mosquée d'Al-Khidr, où ma famille vint bientôt me rejoindre. Bref, installé, je pensais bien avoir rompu avec ce que j'avais été jusque-là : un nomade de la politique et des armes.

J'allais oublier, au nombre des agréments de Hisn Kayfâ, la chasse, véritable paradis dont je poussais parfois les portes, quand mes forces me le permettaient. Il y avait là, en quantités incroyables, perdrix, francolins, de la sauvagine sur les deux rives du Tigre, enfin, dans les montagnes, des lièvres, des mouflons et des chèvres sauvages, que l'on traque au moyen de filets tendus au travers des vallons. Petite compensation, pour moi, à ce qui m'était refusé désormais : la guerre. A une exception près, lorsque Qarâ-Arslân partit attaquer la grande ville de ce pays du Diyâr Bakr, Amid, où commandait un vizir hardi et habile, Kamâl al-Dîn Ibn Nîsân. La ville était superbe, toute en pierre noire, enserrée dans une boucle du

Tigre, avec une double enceinte et quatre portes de fer.

Pour la réduire, Qarâ-Arslân disposait d'intelligences dans la place. Un émir kurde lui avait envoyé un messager pour le prier de lui fixer en grand secret une date, plus précisément une nuit, où il lancerait des cordes pardessus les murailles : les hommes de Qarâ-Arslân n'auraient plus qu'à s'introduire dans. Amid par ce moyen. Le commandement de ces assaillants fut confié à un Franc rallié, un nommé Yarouq, qui s'était rendu insupportable à tout le monde par son mauvais caractère. A quoi il fallait ajouter, comme on va le voir, la sottise. Car il fit si bien, en la circonstance, que ses hommes et lui prirent du retard et furent devancés, sous les murs de la place, par le reste de l'armée. La nuit qui suivit, l'émir kurde crut qu'il n'avait qu'à lancer ses cordes pour que les soldats mis dans le secret s'en saisissent. Mais aucun n'était encore là. Si bien que personne n'obéit au cri de : « Montez ! Mais montez donc ! », puis à celui de : « Entrez ! », lorsque les conjurés, déçus et désemparés, eurent quitté les murailles et réussi à ouvrir l'une des portes. Qui pouvait en effet penser, dans l'armée de Qarâ-Arslân, à autre chose qu'un piège ? Instruit de ce qui se passait, Ibn Nîsân survint et mit de l'ordre dans la rébellion. Un détail dont je me souviens : parmi ceux qui se précipitèrent des remparts pour échapper à la mort promise, il se trouva un soldat qui, dans sa chute, rencontra l'une de ces fameuses cordes. Sa main se referma sur elle et il eut la vie sauve, avec, pour tout dommage, quelques écorchures.

Je décidai, en ces années de Hisn Kayfâ, de tromper par des voyages l'ennui et l'inaction où me plongeait l'âge croissant. Au mois de cha'bân 561 (juin 1166), je visitai Mayyâfâriqîn, qui est, avec ses pierres blanches, comme le parfait contraste d'Amid. Là, je connus le prédicateur Abou Imrân Mousâ, qui me récita des vers sur les misères de la vieillesse. Vers la fin de l'année suivante, ce fut la rencontre avec un autre prédicateur, Aboû Tâhir Ibrâhîm, dans la ville d'Is'ird, sur un affluent du Tigre. Il me fit le récit d'un épisode étonnant, qu'il tenait du célèbre juriste et historien Abou l-Farâj al-Baghdâdî. Celui-ci était un jour en compagnie du vénérable imâm Abou Abdallâh Mouhammad al-Basrî, lorsqu'une femme vint lui dire : « Maître, tu étais là, et tu étais témoin, quand on a fixé ma dot. Mais j'ai perdu ce maudit papier. Peux-tu confirmer les faits et la teneur de l'acte devant un tribunal ? — Sans doute, répondit Abou Abdallâh, mais il faut d'abord m'apporter quelques douceurs. » Et comme la femme restait là, interdite, il insista : « Fais vite, sinon, rien. » Elle s'en alla, revint un peu après et tira de sa poche un papier où elle avait enveloppé des friandises séchées. L'assistance était médusée : un homme comme Abou Abdallâh, un dévot, un ascète, s'abaisser à pareil désir ! Mais, lui, prenant le papier, l'ouvrit, en jeta au sol le contenu et, lisant, dit : « Tiens ! Voilà le papier qui fixait la dot ! » Prodige ! C'était lui en effet.

Une autre fois, mes pas me portèrent à Mossoul, où le très vénérable Abou l-Fath Al-Mouzaffar me raconta la chose suivante, le dix-huitième jour du mois de ramadân, en l'année 565 (6 juin 1170). Le calife Al-Mouqtafî* visitait un jour, près d'Al-Anbâr, sur l'Euphrate, la mosquée de Sandoudiyâ. Son vizir l'accompagnait, ainsi qu'Abou l-Fath. Le souverain portait un précieux vêtement de Damiette, mais son épée n'avait, à la garde, que de simples ornements de fer : on pouvait sans doute reconnaître en lui quelque grand personnage, mais pas le commandeur des croyants. Le préposé de la mosquée se mit à invoquer Dieu pour le vizir, lequel s'écria : « Paix ! C'est pour notre calife qu'il faut prier ! » Mais celui-ci : « Pose-lui plutôt, dit-il au vizir,

* *Al-Mouqtafî* : calife abbaside de Bagdad, qui régna de 530 (1136) à 555 (1160).

des questions utiles, et demande-lui par exemple comment il s'est guéri. Car je l'ai vu, au temps d'Al-Moustazhir**, avec un épouvantable chancre à la figure, si purulent que le malheureux, quand il voulait manger, devait le tamponner avant de porter la nourriture à sa bouche. — Oui, c'était bien moi, expliqua le préposé. Mais une nuit, je vis en songe Ali, le cousin et gendre de notre Prophète — Dieu les bénisse tous deux ! Il était dans cette mosquée et soupirait : "Qu'est-ce donc que ce séjour ?" Il voulait parler d'ici-bas. Et moi, je me lamentais sur mon pauvre état. Alors, il se détournait de moi, tandis que j'insistais, j'insistais et me plaignais encore. A la fin, il me dit : " Tu es donc de ceux qui ne désirent rien en dehors de ce monde ?" Au matin, je me réveillai : le mal était parti, et ma peau redevenue toute saine. »

Ces rencontres, on le voit, m'étaient l'occasion de méditer, plus encore que je l'avais fait tout au long de ma longue vie, sur la fuite et le secret des choses. La mort qui s'approchait me portait à recueillir, jour après jour, les signes de la puissance divine. A Hisn Kayfâ même, une bonne part de mon temps y

---

** *Al-Moustazhir* : calife abbaside de Bagdad, qui régna de 487 (1094) à 512 (1118).

passait. Que l'on me permette ici, comme un hommage au Seigneur, d'évoquer trois anecdotes.

La première eut pour cadre les environs immédiats de ma maison. Sur le côté de la mosquée d'Al-Khidr, il y avait une petite cellule occupée par un saint homme, Mouhammad Al-Sammâ'. Il n'en sortait que pour participer aux prières de la communauté, puis rentrait continuer les siennes. Un jour, sentant venir la mort, il me dit : « Ah ! si seulement le Seigneur m'avait fait la grâce d'amener ici mon maître, le très savant Mouhammad Al-Bustî ! » Croyez-moi si vous le voulez : il avait à peine expiré qu'un homme se présenta sous ce nom. Après les funérailles, qu'il suivit en tête du cortège, il s'installa dans la cellule abandonnée et y resta quelque temps. Il était fort instruit, d'un ascétisme extrême, passait ses jours sans boire, ne mangeait rien ou presque et ne rompait son jeûne quotidien qu'avec deux grenades, deux pommes ou un raisin. Une ou deux fois par mois seulement, il s'autorisait quelques bouchées de viande frite. « Maître, lui demandai-je un jour, comment as-tu réussi à survivre, sans pain ni eau, et jeûnant sans arrêt ? — Quand j'ai commencé, me répondit-il, j'ai constaté que je supportais assez bien l'épreuve. Je me suis ainsi endurci à jeûner complètement trois jours durant. Peu à peu, j'ai cessé de manger régulièrement et de boire de l'eau. Mon corps s'est habitué. » Un notable de Hisn Kayfâ, soucieux de faire quelque chose pour cet homme extraordinaire, lui aménagea une cellule, dans un jardin. Mais je le vis arriver, le premier jour du grand jeûne de ramadân, en l'année 569 (5 avril 1174)*. « Je vais, me dit-il, te quitter. — Et ta nouvelle maison ? Et le jardin que l'on vient de mettre à ta disposition ? — Je n'en ai pas besoin, frère. Je veux partir. Adieu. » Et je ne le revis plus.

La seconde histoire que je veux conter me vient du juge et imâm Abou Soulaymân Dâwoud. Le vingt-deuxième jour du premier mois de rabî', en l'an 566 (3 décembre 1170), dans les environs de Hisn Kayfâ, il me dit, d'après quelqu'un de tout à fait sûr, qu'un homme très âgé se présenta un jour à l'audience de Nizâm al-Moulk, le vizir du grand sultan seldjouqide de Perse, Malik-Châh. Comme on lui demandait d'où il venait : « D'un pays étranger », répondit-il. « As-tu besoin de quelque chose ? » reprit Nizâm al-Moulk. « Je viens, expliqua le vieil homme,

---

* *1er ramadân 569* : Ousâma écrit : 570, soit le 26 mars 1175. Erreur de date, assez inhabituelle chez lui : il quitte Hisn Kayfâ, comme on le verra, à l'automne 1174.

de la part de notre Prophète — que Dieu bénisse ! — et veux voir le sultan. — Mais tu plaisantes, voyons ! — Non pas. Il me faut le voir, j'ai quelque chose à lui dire, et je ne bougerai pas d'ici que je ne lui aie remis le message dont je suis porteur. » Informé, le sultan accéda à la requête du vieil homme, lequel, une fois introduit, dit ceci : « J'ai plusieurs filles, mais ne puis les marier, tant je suis pauvre. Une nuit que je priais le Très-Haut de pourvoir à mes besoins, ou plutôt à ceux de mes filles, j'eus la vision de notre Prophète, qui me conseilla d'aller voir le sultan et de lui dire que l'Envoyé de Dieu lui demandait de faire quelque chose pour mes filles. J'hésitais, dans mon rêve, j'expliquais au Prophète que je devrais fournir au sultan une preuve de la véracité de mes dires, et laquelle ? Alors, il me révéla que, chaque soir, avant de s'endormir, le sultan récitait la soixante-septième sourate de notre vénéré Coran. » A ces mots, Malik-Châh s'écria : « Voilà un signe, un vrai ! Seul le Très-Haut pouvait savoir en effet que c'est mon habitude et que je n'y ai jamais manqué, depuis ce jour lointain où mon précepteur m'a ordonné de réciter cette sourate avant de m'endormir. » Sur quoi, le sultan pourvut les filles du vieil homme et le combla de cadeaux avant de le congédier.

La troisième histoire, enfin. Au mois de ramadân 568 (avril 1173), à Hisn Kayfâ, un homme qui avait fait le saint pèlerinage à La Mekke, Abou Ali, m'a raconté qu'un jour, à Mossoul, il était assis dans la boutique d'un ami lorsque vint à passer un fabricant et vendeur de cervoise. Sur la prière du marchand, il raconta ce qui suit : « Je jouissais d'une parfaite santé jusqu'à ce matin maudit où, en me réveillant, je constatai, comment dirais-je, que quelque chose s'était relâché au beau milieu de moi. Je restais paralysé pour moitié, mes pieds et mes jambes avaient fondu, n'étaient plus que peau sur les os. Je me traînai sur le sol, jusqu'au chemin où passait, chaque jour, le noble Ali Koujak. Il me fit porter chez lui et appela les médecins. Mes pieds subirent, sans rien ressentir, l'épreuve d'un clou rougi au feu, sur quoi ces spécialistes se déclarèrent impuissants. Ali me renvoya avec deux dinars, ainsi qu'un âne pour me porter. Au bout d'un mois, l'âne mourut. Je revins me traîner sur le même chemin, reçus un autre âne, qui mourut aussi, puis un troisième qui lui survécut à peine. Cette fois, Ali ordonna à ses gens de me jeter dans le fossé. "Si tu veux, m'écriai-je, mais alors, sur la hanche ! Comme cela, je ne sentirai rien." Mais lui : "Pas du tout ! La tête la première !" Heureusement, il plaisantait. Je reçus quatre

172

dinars, et encore un âne. Le temps passa jusqu'à cette nuit où je vis en rêve un homme, debout devant moi et qui me disait : "Lève-toi !" Je lui demandai qui il était. "Ali, le cousin et gendre de l'Envoyé de Dieu", répondit-il. Réveillé, je courus secouer ma femme : "Eh ! Dis donc ! Je viens d'avoir une vision. — Mais tu es debout !" s'exclama-t-elle. Et c'était vrai. J'étais sur mes deux pieds, comme vous me voyez maintenant. J'allai porter lá nouvelle à mon bienfaiteur, qui me donna dix dinars pour fêter le miracle. » Miracle en effet, sauf pour Celui qui peut tout !

Ces histoires, et la méditation que je faisais de ma propre vie, me conduisirent alors à donner une forme définitive à un projet que je mûrissais depuis longtemps : transmettre à d'autres le savoir, les réflexions et l'expérience que j'avais pu accumuler durant ma vie. Je n'avais certes pas attendu Hisn Kayfâ pour commencer à écrire, sur des sujets divers : cet exercice remontait, comme je l'ai dit, à l'époque où je vivais auprès de Zengi, et je ne l'avais jamais cessé. Avec plus ou moins d'assiduité cependant. Les notes que j'avais prises, les pages déjà rédigées, les livres ébauchés, tout cela était comme une friche, en attente du moment qui ne m'avait jamais été laissé, de la plume compromise par mes autres activités, du désir suspendu par le

dégoût où m'avait jeté la perte de ma bibliothèque, lors du retour de ma famille, entre
l'Égypte et la Syrie. Maintenant, le loisir forcé
où je me trouvais à Hisn Kayfâ, mon esprit
qui allait — c'était trop à craindre — s'alour-
dir et prendre son temps, la main, aussi, qui
commençait à trembler et refuserait, un jour,
de m'obéir, toutes ces raisons, et l'ennui lui-
même, m'incitaient à mettre un peu d'ordre
dans mes projets, et à les poursuivre si j'en
avais la force. A défaut de guerre ou de chasse,
pensais-je, ce qui me restait de vigueur pouvait être heureusement employé à laisser,
quelque part sur des pages qui me survi-
vraient, mon nom. Et Dieu me fit la grâce,
pour cette dernière entreprise de ma vie,
d'une ardeur toute neuve. A partir de mes
notes et des livres que je trouvai sur place, je
me consacrai à la rédaction ou à l'achèvement
de neuf ouvrages, sur l'art poétique, les citadelles et forteresses, divers récits, l'histoire
des premiers temps de l'Islam, la morale des
princes, les conduites avantageuses, les
femmes, les bâtons célèbres depuis la verge
de Moïse, le sommeil et les rêves. A quoi
s'ajoutait un recueil de poésies, que je classai
sans cesse d'y joindre de nouvelles pièces,
au fil des jours et de l'inspiration.

Tableau incomplet si je ne parlais du présent livre, auquel je mets aujourd'hui la der-

nière main. Celui-là, celui-ci, j'y accordais plus d'importance encore. Je me disais que, si ma longue vie était, en un sens, exemplaire, c'était bien parce qu'elle manifestait l'absolue liberté de Dieu et la toute-puissance de son instrument que nous appelons le destin. Avoir traîné dans tant de pays, tant d'intrigues et de batailles, affronté une foule d'ennemis, hommes ou bêtes sauvages, et se préparer à mourir dans son lit et chargé d'ans ! Et d'autres, au contraire, d'autres à qui tout était promis, se voir fauchés par une mort soudaine, sinon inattendue — quelle mort pourrait l'être ? — terrible parfois et plus encore, peut-être, quand elle se choisissait, pour frapper, des moyens infimes, voire grotesques ! Il me fallait, oui, parler de moi, mais plutôt comme un prétexte à l'illustration de cette vérité ; évoquer ma vie, oui, mais pour montrer cette vérité à l'œuvre, en moi, sur moi, ou à travers toutes les vies qui avaient croisé la mienne. Je consignai donc les exemples qui m'étaient apparus comme les plus marquants et je commençai, dans cette perspective, à rédiger des passages de ce que d'autres appelleront l'histoire de ma vie. Histoire incomplète, bien sûr, pour les raisons que je viens de dire. Histoire que je finis de rassembler aujourd'hui, à Damas.

Damas où je revins après Hisn Kayfâ, Damas

où je vais mourir. Remercierai-je assez le Seigneur de m'avoir ramené ici, dans mon pays, cette Syrie chère à mon cœur ? Je vois, en tout cas, l'effet de sa miséricorde dans tous les événements, grands ou petits, qui me conduisirent à quitter Hisn Kayfâ. Sur place, d'abord. Qarâ-Arslân mort, son fils Mouhammad avait pris ses distances avec le protégé et ami de son père, rogné sur la situation qui m'était faite, sur l'argent qui m'était versé et, bien entendu, sur mon influence. Seul ou presque, tant la mort avait décimé les rangs autour de moi, je me tournai vers la vraie consolation qui me restait, mon fils Mourhaf, que j'avais envoyé auprès du nouveau maître de l'Égypte, Saladin.

Tout me le disait en effet : c'était là-bas que se faisait désormais, contre les Francs, la relève des forces vives de l'Islam. La Syrie, elle, voyait s'éteindre Nour al-Dîn. L'échec était patent, les espérances déçues, et l'ennemi toujours là : malgré d'éclatantes victoires, la victoire totale s'était dérobée. Et pendant ce temps-là, au Caire, Saladin, un Kurde, avait aboli le règne des Fâtimides et peu à peu montré son intention d'en découdre avec le Franc. Nour al-Dîn mort, au mois de chawwâl 569 (mai 1174), le dernier obstacle aux ambitions syriennes de Saladin était levé, les portes de Damas prêtes à s'ouvrir devant le nouveau champion de l'Islam. Une menace de guerre civile, entre les gens de la famille de Nour al-Dîn, des factions qui appellent au secours, la crainte du danger franc toujours présent sur la ville, et tout fut dit : le trentième jour du premier mois de rabî', en l'an 570 (29 octobre 1174), Saladin faisait son entrée dans une Damas tout heureuse de l'accueillir.

Depuis que mon fils Mourhaf s'était présenté à lui, chacun d'eux avait fait la conquête de l'autre : amitié qui devait durer toujours et dont je vis bientôt les preuves rejaillir sur moi. Les cadeaux m'arrivaient depuis l'Égypte jusqu'à Hisn Kayfâ, trompant ma solitude et me disant que je serais un jour admis, si Dieu le voulait, à connaître ce grand homme. A cette époque, dans les dernières années que je passai à Hisn Kayfâ, je repris, entre deux livres, le goût des voyages, poussai jusqu'à Arbèles et même à l'Arménie : façon comme une autre de me distraire de l'impatience qui me travaillait. Au premier mois de rabî' de 566 (novembre 1170), je crus mes espoirs réalisés : on apprenait que Saladin avait envahi le pays d'Ascalon et de Gaza. Était-ce le début d'une grande entreprise vers le nord ? J'y encourageai Saladin par des lettres où je mis toute mon ardeur et — Dieu pardonne à ma vanité ? — ma poésie. Mais Saladin, une fois faite cette démonstration de sa puissance, revint au Caire où il voulait sans doute assurer encore sa position. Déçu, je l'étais, et il le comprit puisqu'il se montra plus attentif que jamais : des cadeaux, des promesses me confirmèrent que mon fils et son illustre ami ne m'oubliaient pas. Mieux : des tentatives, qui suivirent, contre les pays de la mer Morte, me montraient que le grand dessein n'était pas mort.

C'est alors que Nour al-Dîn quitta ce monde. La nouvelle, tout en m'attristant, m'ouvrit définitivement les portes de l'espoir. Je regardais, jour après jour, le superbe bâton d'ébène que Mourhaf m'avait envoyé d'Égypte, pour soutenir mes pas de plus en plus hésitants, et j'y voyais, autant qu'un signe de tendresse filiale, la promesse du retour au pays. Quand Saladin fut à Damas, je n'eus plus longtemps à attendre. Dès qu'il s'y trouva installé, il m'appela. J'accourus. En cet automne de l'année 570 (1174), à quatre-vingt deux ans*, je revoyais enfin Damas. Par deux fois déjà elle m'avait accueilli, proscrit de Chayzar, échappé du Caire. Ville d'exil, et puis ma patrie. Je l'avais quittée pour Hisn Kayfâ.

---

* *Quatre-vingt-deux ans* : comptés en années musul manes (79 selon notre calendrier).

Généreuse, elle me reprenait. Comme un vieux fils prodigue, recru d'années et d'aventures, je retournais à la mère qui me survivrait.

VIII

Je repensais à Damas telle que je l'avais connue la première fois, aux temps de Mouîn al-Dîn Anour. Il y avait de cela trente-sept ans*. Tant d'événements étaient passés sur moi, en moi, que je savais désormais ce qu'il me restait à faire : attendre, attendre celle qui ne manque jamais au rendez-vous qu'elle s'est elle-même fixé. Dès mon arrivée, j'ai continué, comme je l'avais fait à Hisn Kayfâ, d'enregistrer diverses anecdotes à la gloire du Seigneur et de ses mystères. Celle-ci d'abord, recueillie à Hama, sur le chemin de la visite à mon domaine de Ma'arrat al-Nou'mân, le dernier jour du mois de dhou l-hijja de l'an 570 (21 juillet 1175). Il était mort, en cette ville, un nommé Ibn Maymoun. Il avait pré-

---

* *Trente-sept ans* selon le calendrier musulman ; trente-six selon le nôtre.

cisé, dans ses dernières volontés, qu'il fallait emporter sa dépouille vers le désert et, là, crier : « Ibn Al-Qoubays ! Ibn Al-Qoubays ! Ibn Maymoun est mort ! Approche et viens prier pour lui ! » Et voici que, le jour des funérailles, on vit apparaître, du côté du désert, un homme vêtu d'un manteau de laine. Il pria sur le mort, devant l'assistance muette et pétrifiée. Puis il s'en retourna vers là d'où il était venu. Après de longs moments d'incertitude, chacun reprochant à l'autre de ne pas l'avoir questionné, on courut sur ses traces. Il s'était volatilisé sur l'horizon du désert.

A la même date, et toujours à Hama, on me raconta ceci : il y avait un homme qui travaillait dans un jardin dont le propriétaire s'appelait Mouhammad Ibn Mis'ar. Un jour, il accourut dire aux gens d'Ibn Mis'ar, qu'il trouva assis devant la porte : « Il vient de m'arriver une chose extraordinaire. — Et quoi donc ? — J'ai vu passer quelqu'un, qui m'a demandé un peu d'eau pour ses ablutions, mais refusé deux concombres que je lui offrais par la même occasion. Quand l'inconnu a fini sa prière, il m'a demandé qui j'étais, et appris ainsi que le jardin était pour moitié à moi, qui le travaille, et pour moitié à Ibn Mis'ar, son propriétaire. Puis, l'homme a voulu savoir si Ibn Mis'ar avait fait le pèlerinage cette année. Sur ma réponse positive, il m'a dit que, la veille, comme il quittait, avec les pèlerins, la prière au mont Arafât*, Ibn Mis'ar était mort et que tous avaient appelé sur sa dépouille la clémence du Seigneur. » Le jardinier et les gens d'Ibn Mis'ar coururent pour retrouver l'inconnu. Qui était-il, lui qui se trouvait, la veille, à La Mekke, et, ce jour même, à Hama ? Mais il resta introuvable, et le fait est que l'on apprit, plus tard, que tout s'était passé ainsi qu'il l'avait dit.

Une histoire encore, entendue, celle-ci, en 572 (1176). Elle émanait du juge affecté à l'hôpital de Bagdad, Ibn Abdalbâqî : « Au moment, disait-il, où je faisais le tour de la sainte Ka'ba, à La Mekke, je tombai sur un collier de perles, que je serrai dans un pan de mon vêtement. Quelques instants après, je sus qu'on le recherchait. Je finis par trouver l'homme en question et, quand il m'eut décrit le collier comme il convenait, je le lui restituai. Je refusai la récompense qu'il m'offrait et lui dis qu'en l'acceptant, je ferais offense au caractère sacré des lieux. Alors, il me demanda de me tourner avec lui vers la Ka'ba et de répondre "amen" à la prière qu'il allait prononcer. "Ô Dieu, s'écria-t-il alors, par-

* *Le mont Arafât,* près de La Mekke, lieu d'une prière collective qui est l'un des grands moments du pèlerinage.

183

donne à celui-ci ses péchés et permets qu'un jour j'aie l'occasion de le payer de son geste !" Et je répondis : "Amen !"

« Or, il arriva que, ayant pris la mer pour me rendre au Maghreb, je me retrouvai prisonnier d'un bateau des Roum. J'échus en partage à un prêtre, qui me garda auprès de lui jusqu'à sa mort. Affranchi en vertu de ses dernières volontés, je gagnai le Maghreb où je devins scribe chez un boulanger qui comptait, parmi sa clientèle, l'un des notables de l'endroit. Ayant appris que je savais très bien compter et écrire, cet homme me prit à son service ; je reçus, avec un appartement dans une aile de sa demeure, le soin de percevoir les droits de son domaine et d'en tenir les comptes.

« Peu de temps après, il me dit : "Abou Bakr, que penses-tu du mariage ? — Maître, répondis-je, je vis, grâce à ta générosité. Mais où trouver de quoi subvenir aux besoins d'une femme ? — Je me charge de tout, dot, domicile, vêtements et autres besoins. — A toi de décider, maître. — Mon enfant, l'épouse que je te destine a des défauts en tous genres." Et de se lancer dans un tableau détaillé des disgrâces physiques de la promise, depuis la tête jusqu'aux pieds. "Cela me va", répondis-je chaque fois, et telle était bien ma pensée. Mais lui : "Mon enfant, c'est donc ma fille que tu épouseras." Aussitôt dit, aussitôt fait : les témoins furent convoqués et le contrat signé. A quelques jours de là, on nous maria. Je pénétrai dans une maison superbement aménagée où l'on me présenta mon épouse. Stupeur ! Quand je la vis, je me trouvai devant une image plus belle que tout ce que j'aurais pu rêver. Je m'enfuis. Le vieil homme me rejoignit : "Pourquoi te sauver ? me dit-il. — Ma femme, répondis-je, n'est pas celle que tu m'as décrite. — Mais, mon garçon, c'est bien ton épouse, ma fille ; je n'ai pas d'autre enfant. Si je t'ai parlé d'elle comme je l'ai fait, c'est pour éviter que tu ne déprécies par la suite la femme que je t'avais donnée." Je regagnai ma maison dans la joie que l'on imagine.

« Le lendemain, je contemplais, sans en croire mes yeux, les magnifiques bijoux et pierres précieuses que me montrait fièrement mon épouse. Nouvelle stupeur ! Il y avait là un collier qui ressemblait, trait pour trait, à celui que j'avais jadis trouvé à La Mekke. Je sortis, perplexe, et rencontrai mon beau-père. Je lui rendis grâce de tous les bonheurs dont il m'avait comblé, mais sans arriver à lui dissimuler que j'avais la tête ailleurs. "A quoi songes-tu ? finit-il par me dire. — Il faut bien que je te l'avoue : à un collier que j'ai trouvé, il y a longtemps, à La Mekke, et que je viens de revoir ici, lui ou alors son parfait sem-

blable, au nombre des parures de ma femme.
— C'est donc toi, s'écria mon beau-père, qui
me l'as rendu ce fameux jour ! — Il faut
croire que oui. — Ah ! mon garçon, réjouis-
sons-nous, car Dieu nous a remis nos péchés
à tous deux et, à moi, donné l'occasion de te
payer de ton geste. Heureux suis-je de t'avoir
confié mon unique enfant, ma maison et mes
biens. Maintenant, je puis mourir." Il rédigea
son testament en ma faveur et, de fait, nous
quitta peu de temps après. Que Dieu le prenne
en pitié ! »

A défaut des joies enfuies, Damas, plus
encore que Hisn Kayfâ, me donna celles de
l'esprit. J'y rencontrai le grand écrivain Imâd
al-Dîn al-Isfahânî, biographe de Saladin qui
lui avait longtemps battu froid malgré ses
mérites, mais venait enfin de les reconnaître
en lui confiant la charge de la chancellerie
syrienne. Je vis ce maître de la prose et de
l'histoire, pour la première fois, au mois de
çafar 571 (septembre 1175). L'entrevue fut
suivie de beaucoup d'autres, toutes passion-
nantes, fructueuses, et qui comptent parmi
les meilleurs souvenirs de cette dernière
époque de ma vie. Au reste n'épuisaient-elles
pas les plaisirs de cet ordre. Saladin lui-même,
pendant les trop rares jours qu'il passa ici,
organisa des soirées de savants et de lettrés,
auxquelles il me convia. J'y récitai mes poèmes,

parlai de mes livres, discutai droit ou art d'écrire. Par ailleurs, je tenais cénacle de mon côté, sur des sujets divers, et pouvais me flatter d'un auditoire très choisi, fait d'historiens, de juristes, poètes, traditionnistes ou rhétoriciens. Enfin, lorsque Saladin quitta Damas pour ses expéditions militaires ou pour l'Égypte, j'entretins avec lui une correspondance régulière, en vers souvent, où je lui donnais, avec l'assurance de mon dévouement, les nouvelles que je savais capables de l'intéresser.

Ce grand homme aura, décidément, été la consolation et le malheur de mes dernières années. Musulman, j'applaudissais à ses succès, car je les savais destinés, mieux encore qu'avec Nour al-Dîn, à préparer le succès final : la défaite, la vraie cette fois, du Franc. Homme, je maudissais presque Saladin de me laisser à Damas pour aller courir les champs de bataille en emmenant avec lui le seul être qui me restait, Mourhaf, le fils bien-aimé. Mais ainsi en avait décidé le sort. A peine arrivé, Saladin repartit, pour une campagne d'hiver qui devait lui soumettre Balbec, Homs, Hama et le pays au sud d'Alep. Il réapparut au mois de dhou l-qa'da 570 (juin 1175). A cette occasion, il me fit un cadeau superbe, que j'ai évoqué un peu plus haut : un domaine près de Ma'arrat al-Nou'mân. Je m'y rendis sur l'heure, malgré mon âge et la chaleur, mais ne m'y arrêtai guère : après avoir inspecté mes terres et rencontré mes fermiers, je rentrai à Damas suivre, de loin, les chevauchées de Saladin. En ramadân 571 (avril 1176), il reprit la route de la Syrie du Nord pour régler ses comptes avec les chiites ismaéliens qui avaient tenté, par deux fois déjà, de l'assassiner. Il fit aussi une vaine tentative contre Alep, d'où il revint le dix-sept çafar 572 (25 août 1176). Quinze jours après, il repartait veiller aux affaires d'Égypte, arrivait au Caire le seize du premier mois de rabî' (22 septembre). Désormais, je ne devais plus le revoir. Quant à Mourhaf, tenu par son rang et ses charges auprès de lui, il ne fit plus auprès de moi que des apparitions, le vingt-trois chawwâl 573 (14 avril 1178), vers la fin de rajab 574 (janvier 1179), enfin, après des années d'absence que suivit, de ma part, un long cri de détresse, le dix-sept çafar 578 (22 juin 1182).

Saladin lui aussi reparut en Syrie, mais hors de ma vue. Lui en voulais-je ? Sans doute, mais je me rendais compte que l'ardeur de la conquête, la guerre, les soucis de l'État s'embarrassaient peu d'un vieil homme tel que moi. Au moins puis-je me dire que Saladin, en tant que soldat et politique, a embelli ma dernière étape. Ce que Nour al-Dîn n'avait pu faire, il le réussit. Cette fois, l'Égypte et la

Syrie, unies, s'imposaient face aux Francs. Le dix-septième jour du mois de çafar 579 (11 juin 1183), Alep tombait, le pouvoir sur la Syrie était total, les forces de l'Islam pouvaient se retourner contre l'ennemi commun. Les échos des batailles bercèrent ma retraite, jusqu'à cette année bénie de 583 (1187) où Saladin écrasa les Francs à Hattîn, vers l'ouest de Tibériade. La victoire ouvrait d'autres portes : le vingt-sept rajab (2 octobre), Saladin faisait son entrée à Jérusalem, Jérusalem la sainte, que l'Islam retrouvait comme une épousée, presque un siècle après avoir été séparé d'elle. Ici, sur ce triomphe qui ne peut pas ne pas en annoncer d'autres, s'achève l'histoire de ma vie.

IX

C'est fini. J'ai passé le cap des quatre-vingt-
seize ans*. Je n'attends plus rien ni personne :
un grand vieillard n'est pas une marchandise
à susciter l'intérêt ni la dépense d'un prince,
fût-il Saladin, et de toute façon, les insuffi-
sances de l'âge ferment la porte aux projets.
Je n'ai plus rien à écrire, même pas, Seigneur,
sur le destin et sa toute-puissance, la tienne
en vérité : c'est assez qu'elle trouve une
parfaite illustration en ce corps qui est le
mien, rassasié de coups, de blessures, de
dangers avortés, et promis à bientôt mourir
dans un lit. Arrivé si loin, je ne vois plus la
vie que de l'œil du Prophète — Dieu le
bénisse ! — lorsqu'il disait : « En fait de maladie, la santé me suffit. » Pourtant, une prière,

* *Quatre-vingt-seize ans :* quatre-vingt-treize selon
notre calendrier.

Seigneur, et quelques mots encore. Je voudrais que ce livre s'achevât à la louange du plus grand bonheur que tu m'aies donné, là-bas, très loin dans le temps et presque à l'autre bout du monde, me semble-t-il, sur l'Oronte, à Chayzar...

L'aube vient de paraître. Pardon, mon Dieu, de te demander encore quelques forces pour parler de moi. Et pardon encore pour ceci : jadis, aux jours de mon bel âge, chaque matin, en sa lumière neuve, me paraissait signe et promesse de la résurrection. Aujourd'hui, moi qui me lève à peine ai plus de peine encore à y voir autre chose que la mort en marche, de plus en plus sûre d'elle et plus pesante. Tes signes s'effacent devant toi, Seigneur, et la nuit envahissante n'est plus trouée que de ton nom.

Si donc tu le permets, mon Dieu, je me hâte. Déjà, il m'a fallu dicter les dernières pages : cette main, qui jadis terrassait les Francs et les lions, tremble trop, la plume lui échappe. Un temps vient pour la triste évidence : je suis trahi. Mes yeux, mes oreilles s'en vont. Ainsi de nous tous, autant que nous sommes : la vie nous prend tous à rebours, et quand nous croyons grandir, nous épanouir, nous ne faisons que retourner au néant de notre début. Mon être maintenant rejoint la terre, mon corps rentre en lui-même, toujours plus bas, vers elle. Je connais le message : le voyage est proche, et le départ sous peu.

Mais pas avant un dernier regard vers le pays natal, ô Tout-Puissant ! Laisse-moi, un instant encore, revoir le vieux château sur l'Oronte, la ville et l'autre forteresse, près du pont. Laisse courir à mes côtés les chevaux, les chiens et, devant moi, les bêtes en fuite, gazelles, sangliers, renards ou lièvres. Laisse-moi, encore un instant, face à face avec mes chers lions. Fais voler, au-dessus de ma tête, les faucons sacres ou pèlerins, mes beaux autours qui s'en vont chercher leur proie là-haut, très haut. Permets, Seigneur, que près de terminer ces pages avec ma vie, une fois encore je chasse.

C'est le matin, comme aujourd'hui. Mais un autre matin. De quel côté irons-nous ? Au-delà de la ville basse, le long de la rivière, parmi les arbres et les fourrés de roseaux ? Ou de l'autre côté, vers la montagne ? Et que trouverons-nous ? Les chevreuils, les gazelles, les lièvres, ou la perdrix, le francolin, l'outarde, l'oie ou la sauvagine ? Reviendrons-nous avec le gibier des prochaines ripailles ? Ou avec la dépouille d'un renard, d'une panthère, d'un lion ? Ou laisserons-nous sur place, pour la seule joie d'avoir tué la bête impure, une hyène, un sanglier ? Mais je rêve, oui, et dans le rêve, tout est permis, tout est promis. Le tableau de chasse, aujourd'hui, rassemble toutes ces proies, elles sont toutes là, à mes pieds, l'œil grand ouvert sur la mort et le destin qui les marque comme nous. Elles disent encore le courage ou la faiblesse, la ruse, la surprise ou la dernière blessure au bout d'une longue course.

Nous sommes partis dans un grand déploiement d'oiseaux et de chiens. Une quarantaine d'hommes à cheval, mes père et oncles, frères et cousins, des amis, tous chasseurs émérites et passionnés. Autour de nous, les fauconniers, écuyers, domestiques, avec les armes, les chevaux de rechange, tous les équipements nécessaires et aussi les belettes, les filets, pics, pelles et grappins pour débusquer les bêtes qui se cachent dans leur trou. Nous avons couru tout le jour, à part les moments réservés à la prière ; quelqu'un l'eût-il oubliée que mon père l'aurait immédiatement rappelé à l'ordre. Ces instants sont notre repos, mais la fatigue, à vrai dire, n'a pas de prise sur nous, et sur mon père moins qu'un autre. Tous le reconnaissent comme l'organisateur ; son sérieux, une fois la chasse engagée, est tel que chacun se tait pour observer le terrain, puis, la proie repérée, pour tenir son rôle. Jamais épuisé, il fait peu de cas de sa corpulence, de l'âge qui vient ni des jeûnes répétés auxquels il s'astreint. Personne, parent, compagnon, page ou écuyer, n'oserait rester à la traîne.

Ils sont là, tous, avec moi, le père tendrement et discrètement aimé, l'oncle Soultân qui me traite encore comme son propre fils, les hommes de la famille, les voisins, les serviteurs aussi, Ghanâ'im le fauconnier, et Pierre, et Nicolas, et les autres... Le soir va venir, il faut reprendre le chemin de Chayzar. Maintenant, tout le monde parle, et d'abord de la journée qui s'achève, de ses péripéties, de ses résultats. Pierre, infatigable, ne paraît pas avoir couru, des heures durant, d'une colline à l'autre. Il lance des cailloux sur ses compagnons, s'enfuit, revient, et ainsi de suite. Peu à peu, pourtant, tout se calme avec les ombres qui s'allongent. A quelque distance de Chayzar, on s'arrête pour regarder, près d'une rivière, les pêcheurs : dans l'eau jusqu'à mi-corps, ils explorent de la main les anfractuosités des berges, sous les saules, saisissent le poisson et le tirent de l'eau en le tenant par les ouïes, ou alors ils suivent sa course, puis le piquent d'un harpon muni d'une ficelle et ramènent la prise vers eux. Mais avant de rentrer, il faut nourrir les autours, les lâcher dans les petites mares de la montagne, où ils boivent et se baignent. Entre-temps, la nuit tombe et l'on entend des oiseaux chanter, sur les grands ruisseaux autour de Chayzar.

La nuit tombera aussi tout à l'heure, sur Damas Une nuit parmi d'autres, une encore, ou la nuit pour toujours ? Seigneur, prends pitié de moi dans ta gloire. Je ne sais trop si je t'ai bien servi Du moins ai-je cru en toi, l'unique, qui ne se lasse pas de pardonner. Que mes bonnes actions restent écrites au livre de ma vie ! Et pour les autres, mon Dieu, dans ta miséricorde, efface-les !

CARTE

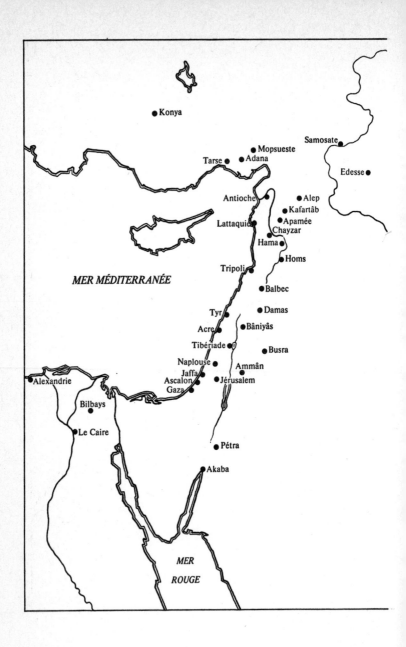

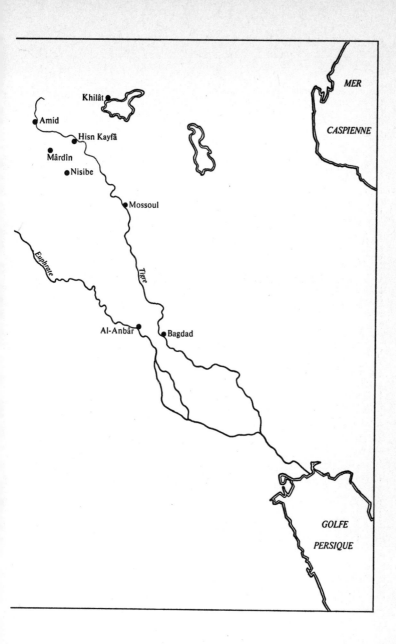

Cet ouvrage a été composé par C.M.L., Montrouge
et achevé d'imprimer en octobre 1986
sur presse CAMERON,
dans les ateliers de la S.E.P.C.
à Saint-Amand-Montrond (Cher)
pour le compte de la Librairie Arthème Fayard
75, rue des Saints-Pères — 75006 Paris

35-14-7290-02
ISBN 2-213-01514-7
Dépôt légal : octobre 1986
N° d'éditeur : 3035
N° d'impression : 1956
Imprimé en France

DATE DUE

JUN 15 '90 F			
GAYLORD			PRINTED IN U S A